Worldwide Acclaim for Sudoku

"Diabolically addictive."
—*New York Post*

"A puzzling global phenomenon."
—*The Economist*

"The biggest craze to hit *The Times* since the first crossword puzzle was published in 1935."
—*The Times* of London

"The latest craze in games."
—BBC News

"Sudoku is dangerous stuff. Forget work and family—think papers hurled across the room and industrial-sized blobs of correction fluid. I love it!"
—*The Times* of London

"Sudoku are to the first decade of the twenty-first century what Rubik's Cube was to the 1970s."
—*The Daily Telegraph*

"Britain has a new addiction. Hunched over newspapers on crowded subway trains, sneaking secret peeks in the office, a puzzle-crazy nation is trying to slot numbers into small checkerboard grids."
—Associated Press

"Forget crosswords."
—*The Christian Science Monitor*

Also Available

WILL SHORTZ PRESENTS
EVERY DAY WITH
SUDOKU

365 DAYS OF PUZZLES

INTRODUCTION BY
WILL SHORTZ

PUZZLES BY
PZZL.COM

ST. MARTIN'S GRIFFIN
NEW YORK

www.stmartins.com

ISBN-13: 978-0-312-54158-3
ISBN-10: 0-312-54158-9

First Edition: January 2009

10 9 8 7 6 5 4 3 2 1

Introduction

Throughout the history of puzzles and games, many of the biggest successes have come as complete surprises, because they've broken all the "rules."

Parker Bros. famously turned down the rights to the game Monopoly in 1934, because it had "52 design errors." It was too complicated, they said, it had too many pieces, and it took too long to play. So the inventor, Charles B. Darrow, produced and sold 5,000 handmade copies of Monopoly, they quickly sold out, and—once Parker Bros. finally bought the rights—it became the biggest game hit of 1935.

Similarly, the "experts" initially pooh-poohed Scrabble, Trivial Pursuit, crossword puzzles, and many other game and puzzle successes over the years.

Hardly anyone thought sudoku would be popular when it was introduced in Britain in late 2004 and the U.S. in 2005. The public was not interested in number puzzles, according to conventional wisdom. Yet we all know what happened. In less than a year sudoku had become one of the most popular puzzles in history. Virtually every newspaper has made room for a daily sudoku, sudoku books have been bestsellers since their introduction, and sudoku tournaments have been held across the country and around the world. Language Report named "sudoku" the Word of the Year for 2005.

The craze goes on, and, to everyone's surprise, shows little sign of abating.

What's So Great About Sudoku?
The appeal of sudoku comes partly from the simplicity of the rules, which can be stated in a single sentence, and the compactness of the grid, just 9 × 9 squares—combined with some unexpectedly subtle logic. Even longtime enthusiasts may not understand all the techniques needed to work it. Sudoku packs a lot of punch for so small a feature.

Sudoku is a flexible puzzle. It can be easy, medium, or hard, which you can select according to your skills and mood. And the amount of time needed to solve one—generally between 10 and 30 minutes, for most people for most puzzles—is about perfect in order to feed a daily addiction. If sudoku took less time, it wouldn't pose enough challenge, and if it took more, you might lose interest or simply not be able to fit sudoku into your schedule.

Like crosswords, sudoku puzzles have blank squares that are inviting to fill in. It's said nature abhors a vacuum. We as human beings seem to have a natural compulsion to fill up empty spaces. A sudoku addict has difficulty turning a page that has empty puzzle squares begging to be completed.

Sudoku also provides an appealing rhythm of solving. Generally the first few numbers are easy to enter. Then, in the harder examples at least, you can get stymied and maybe a bit frustrated. Once you make the critical breakthrough (or breakthroughs), though, the final numbers can come quickly, giving you a rush and a heady sense of achievement—often tempting you to start another sudoku immediately. Hence the addictiveness of sudoku, which is the "crack cocaine" of puzzles.

New Challenges

On the following pages are 365 sudoku puzzles rated Light and Easy (#1–#130), Moderate (#131–#215), Demanding (#216–#290), and Beware! Very Challenging (#291–#365). Every one has been checked, rechecked, and then re-rechecked to ensure that it has a unique solution, and that it can be solved using step-by-step logic. You never have to guess here.

As usual, all the puzzles in this book were created by my colleague Peter Ritmeester and the staff of PZZL.com.

Try them. And as one correspondent wrote me recently, you, too, will go "sudoku kuku."

—Will Shortz

How to Solve Sudoku

A sudoku puzzle consists of a 9×9–square grid subdivided into nine 3×3 boxes. Some of the squares contain numbers. The object is to fill in the remaining squares so that every row, every column, and every 3×3 box contains each of the numbers from 1 to 9 exactly once.

Solving a sudoku puzzle involves pure logic. No guesswork is needed—or even desirable. Getting started involves mastering just a few simple techniques.

Take the example on this page (in which we've labeled the nine 3×3 boxes A to I as shown). Note that the boxes H and I already have 8's filled in, but box G does not. Can you determine where the 8 goes here?

5	8	6					1	2
			5	2	8	6		
2	4		8	1				3
			5		3		9	
			8	1	2	4		
4		5	6			7	3	8
	5		2	3			8	1
7				8				
3	6			5				

A	B	C
D	E	F
G	H	I

The 8 can't appear in the top row of squares in box G, because an 8 already appears in the top row of I—and no number can be repeated in a row. Similarly, it can't appear in the middle row of G, because an 8 already appears in the middle row of H. So, by process of elimination, an 8 must appear in the bottom row of G. Since only one square in this row is empty—next to the 3 and 6—you have your first answer. Fill in an 8 to the right of the 6.

Next, look in the three left-hand boxes of the grid, A, D, and G. An 8 appears in both A and G (the latter being the one you just entered). In box A, the 8 appears in the middle column, while in G the 8 appears on the right. By elimination, in box D, an 8 must go in the leftmost column. But which square? The column here has two squares open.

The answer is forced by box E. Here an 8 appears in the middle row. This means an 8 cannot appear in the middle row of D. Therefore, it must appear in the top row of the leftmost column of D. You have your second answer.

In solving a sudoku, build on the answers you've filled in as far as possible—left, right, up, and down—before moving on.

For a different kind of logic, consider the sixth row of numbers— 4, ?, 5, 6, ?, ?, 7, 3, 8. The missing numbers must be 1, 2, and 9, in some order. The sixth square can't be a 1, because box E already has a 1. And it can't be a 2, because a 2 already appears in the sixth column in box B. So the sixth square in the sixth row has to be a 9. Fill this in.

Now you're left with just 1 and 2 for the empty squares of this row. The fifth square can't be a 1, because box E already has a 1. So the fifth square must be a 2. The second square, by elimination, has a 1. Voilà! Your first complete row is filled in.

Box E now has only two empty squares, so this is a good spot to consider next. Only the 4 and 7 remain to be filled in. The leftmost square of the middle row can't be a 4, because a 4 already appears in this row in box F. So it must be 7. The remaining square must be 4. Your first complete box is done.

One more tip, and then you're on your own.

Consider 3's in the boxes A, B, and C. Only one 3 is filled in—in the ninth row, in box C. In box A you don't have enough information to fill in a 3 yet. However, you know the 3 can't appear in A's bottom row, because 3 appears in the bottom row of C. And it can't appear in the top row, because that row is already done. Therefore, it must appear in the middle row. Which square you don't know yet. But now, by elimination, you do know that in box B a 3 must appear in the top row. Specifically, it must appear in the fourth column, because 3's already appear in the fifth and sixth columns of E and H. Fill this in.

Following logic, using these and other techniques left for you to discover, you can work your way around the grid, filling in the rest of the missing numbers. The complete solution is shown below.

5	8	6	3	7	4	9	1	2
1	3	7	9	5	2	8	6	4
2	4	9	8	1	6	5	7	3
8	7	2	5	4	3	1	9	6
6	9	3	7	8	1	2	4	5
4	1	5	6	2	9	7	3	8
9	5	4	2	3	7	6	8	1
7	2	1	4	6	8	3	5	9
3	6	8	1	9	5	4	2	7

Remember, don't guess. Be careful not to repeat a number where you shouldn't, because a wrong answer may force you to start over. And don't give up. Soon you'll be a sudoku master!

3	8	5	4	1	9	2	6	7
4	6	9	2	7	3	1	5	8
1	2	7	6	5	8	9	4	3
9	4	6	7	3	1	8	2	5
8	7	1	5	9	2	4	3	6
2	5	3	8	6	4	7	1	9
5	1	8	9	4	6	3	7	2
6	3	2	1	8	7	5	9	4
7	9	4	3	2	5	6	8	1

2 Light and Easy

2	5	6	3	9	7	8	4	1
7	4	9	6	8	1	2	3	5
8	3	1	4	5	2	9	6	7
6	9	4	1	7	8	3	5	2
1	7	8	2	3	5	6	9	4
3	2	5	9	4	6	1	7	8
4	8	2	7	6	9	5	1	3
5	6	7	8	1	3	4	2	9
9	1	3	5	2	4	7	8	6

9	4	1	5	2	6	3	7	8
6	7	5	8	3	4	9	1	2
3	2	8	9	1	7	5	4	6
2	8	3	7	9	1	6	5	4
5	1	9	6	4	2	7	8	3
4	6	7	3	5	8	2	9	1
7	3	6	1	8	9	4	2	5
8	9	4	2	6	5	1	3	7
1	5	2	4	7	3	8	6	9

4   Light and Easy

3	4	6	2	9	5	8	7	1
5	9	1	3	8	7	4	2	6
8	2	7	1	4	6	9	5	3
6	8	5	4	3	2	1	9	7
9	3	2	5	7	1	6	8	4
1	7	4	8	6	9	2	3	5
7	1	8	9	5	4	3	6	2
2	5	3	6	1	8	7	4	9
4	6	9	7	2	3	5	1	8

1				7		4		5
	7			4		3	6	1
			5	6	1			
9	7	2		4	5			
5	8	4			2			9
							5	
			9	2	7		8	
6	2		4	5	8		7	
7		8	1	3	6			

6 Light and Easy

4	7	3	2	1	5	6	9	8
8	6	1	4	7	9	3	2	5
5	9	2	3	8	6	7	4	1
9	8	5	6	4	1	2	3	7
7	2	4	8	5	3	9	1	6
3	1	6	9	2	7	5	8	4
2	5	8	7	9	4	1	6	3
6	4	7	1	3	2	8	5	9
1	3	9	5	6	8	4	7	2

9	8	7	3	6	2	5	1	4
5	6	3	1	4	9	2	7	8
2	4	1	7	5	8	9	3	6
6	2	5	4	8	1	7	9	3
8	7	4	9	3	5	1	6	2
3	1	9	6	2	7	4	8	5
1	5	6	2	7	3	8	4	9
7	3	2	8	9	4	6	5	1
4	9	8	5	1	6	3	2	7

3	7	1	9	6	4	2	8	5
5	9	2	8	3	7	6	4	1
6	4	8	1	2	5	3	9	7
1	5	3	2	9	8	4	7	6
2	8	7	3	4	6	5	1	9
9	6	4	7	5	1	8	2	3
4	1	5	6	7	2	9	3	8
8	2	9	5	1	3	7	6	4
7	3	6	4	8	9	1	5	2

1		7		9		8		
				4			2	
	8					6		9
		9	8		3			
6								3
2	3			6		1		7
		6		5		3		4
			4		6		1	8
4	7			8	9	5		

1	8	7	5	6	2	4	3	9
9	4	5	8	1	3	6	7	2
6	3	2	9	4	7	1	5	8
4	2	9	7	5	1	3	8	6
8	6	1	3	9	4	7	2	5
7	5	3	2	8	6	9	1	4
3	7	8	6	2	9	5	4	1
2	9	4	1	7	5	8	6	3
5	1	6	4	3	8	2	9	7

9	1	3	7	4	6	5	8	2
4	6	2	8	5	1	9	3	7
8	7	5	2	3	9	4	1	6
7	5	9	4	1	2	8	6	3
6	4	8	5	7	3	2	9	1
2	3	1	9	6	8	7	4	5
5	2	6	1	9	4	3	7	8
3	9	7	6	8	5	1	2	4
1	8	4	3	2	7	6	5	9

12 Light and Easy

1	7	8	9	3	6	5	4	2
3	9	2	5	8	4	6	1	7
4	5	6	7	1	2	9	8	3
7	8	4	2	6	9	1	3	5
2	3	5	8	4	1	7	9	6
9	6	1	3	7	5	4	2	8
8	4	7	6	9	3	2	5	1
6	2	9	1	5	8	3	7	4
5	1	3	4	2	7	8	6	9

3	8	5	9	4	1	2	6	7
6	7	9	3	2	5	4	1	8
2	4	1	8	7	6	3	5	9
5	9	6	4	3	8	7	2	1
8	2	7	1	5	9	6	3	4
1	3	4	7	6	2	9	8	5
4	1	8	2	9	3	5	7	6
7	5	3	6	1	4	8	9	2
9	6	2	5	8	7	1	4	3

Light and Easy

8	6	7	1	4	5	9	3	2
3	5	1	9	2	6	8	7	4
9	2	4	3	7	8	1	5	6
1	4	3	6	9	2	5	8	7
6	7	5	8	1	3	2	4	9
2	8	9	7	5	4	3	6	1
5	1	6	2	8	7	4	9	3
4	3	2	5	6	9	7	1	8
7	9	8	4	3	1	6	2	5

4	6	1	8	7	5	2	3	9
7	5	2	6	3	9	4	8	1
3	8	9	1	4	2	5	6	7
5	2	4	3	9	8	7	1	6
1	9	8	7	2	6	3	4	5
6	7	3	4	5	1	9	2	8
9	1	5	2	8	4	6	7	3
2	3	6	5	1	7	8	9	4
8	4	7	9	6	3	1	5	2

16   Light and Easy

4	3	7	9	5	6	2	8	1
1	6	2	3	8	7	5	9	4
5	8	9	1	2	4	3	7	6
9	5	3	4	6	8	7	1	2
6	1	4	7	9	2	8	3	5
7	2	8	5	1	3	4	6	9
2	9	1	8	3	5	6	4	7
8	4	6	2	7	1	9	5	3
3	7	5	6	4	9	1	2	8

6	7	3	4	9	2	8	1	5
2	4	8	1	3	5	9	7	6
5	9	1	7	6	8	4	3	2
4	3	2	8	7	6	5	9	1
9	5	7	2	1	4	6	8	3
1	8	6	9	5	3	7	2	4
8	1	4	5	2	7	3	6	9
7	6	9	3	4	1	2	5	8
3	2	5	6	8	9	1	4	7

18 Light and Easy

8	7	3	6	2	1	5	4	9
4	2	5	7	9	3	1	6	8
9	6	1	8	5	4	3	2	7
7	5	2	4	8	6	9	3	1
6	8	9	1	3	2	4	7	5
1	3	4	9	7	5	6	8	2
2	1	8	3	6	9	7	5	4
3	9	7	5	4	8	2	1	6
5	4	6	2	1	7	8	9	3

1	3	8	5	7	6	2	9	4
5	7	6	2	4	9	1	3	8
9	4	2	1	3	8	5	7	6
2	8	4	6	9	5	7	1	3
3	5	1	7	2	4	8	6	9
7	6	9	3	8	1	4	5	2
4	9	5	8	6	7	3	2	1
8	2	7	9	1	3	6	4	5
6	1	3	4	5	2	9	8	7

3	7	2	9	1	5	4	8	6
6	4	5	3	8	2	7	9	1
1	9	8	4	6	7	2	3	5
9	2	3	7	5	8	1	6	4
8	6	7	1	9	4	5	2	3
4	5	1	6	2	3	9	7	8
2	8	9	5	3	1	6	4	7
7	1	6	8	4	9	3	5	2
5	3	4	2	7	6	8	1	9

4	9	2	6	5	3	7	1	8
6	7	3	1	8	4	5	2	9
1	5	8	7	9	2	3	4	6
8	3	4	2	1	5	6	9	7
5	1	6	9	7	8	2	3	4
9	2	7	4	3	6	1	8	5
7	8	5	3	2	9	4	6	1
2	6	1	8	4	7	9	5	3
3	4	9	5	6	1	8	7	2

22   Light and Easy

6	9	8	4	3	2	1	7	5
2	5	3	1	7	8	9	4	6
1	7	4	9	5	6	2	8	3
5	3	1	7	2	4	6	9	8
4	6	2	5	8	9	7	3	1
9	8	7	3	6	1	4	5	2
8	4	9	6	1	5	3	2	7
3	1	5	2	4	7	8	6	9
7	2	6	8	9	3	5	1	4

1	6	2	8	9	5	3	7	4
5	8	7	4	2	3	6	9	1
9	3	4	1	6	7	2	5	8
8	4	9	6	3	1	5	2	7
7	5	3	2	8	9	4	1	6
6	2	1	7	5	4	8	3	9
3	1	5	9	4	8	7	6	2
4	9	6	3	7	2	1	8	5
2	7	8	5	1	6	9	4	3

1		3	4	8	2	5	6	9
	2	5	3	6		1		4
	4		1	5	4	3		2
5		2	8	7	6	9		1
4	1	8	5	9	3	6	2	7
			2	4	1		5	3
8	7	4	9	1	5	2	3	6
3	5	1	6	2	4	7	9	8
2	6	9	7	3	8	4	1	5

1	7	2	3	8	6	5	4	9
6	5	3	7	9	4	8	1	2
4	8	9	1	5	2	6	3	7
5	1	4	6	3	7	2	9	8
7	9	6	8	2	1	3	5	4
3	2	8	5	4	9	1	7	6
2	3	7	9	6	5	4	8	1
9	6	5	4	1	8	7	2	3
8	4	1	2	7	3	9	6	5

6	8	2	3	9	1	7	5	4
3	5	7	4	2	8	6	1	9
4	1	9	5	7	6	3	2	8
9	4	1	7	6	2	8	3	5
7	6	8	1	3	5	9	4	2
5	2	3	9	8	4	1	7	6
2	7	4	8	1	9	5	6	3
1	9	5	6	4	3	2	8	7
8	3	6	2	5	7	4	9	1

6	8	3	5	4	7	9	2	1
7	1	5	9	3	2	6	8	4
4	2	9	8	6	1	3	5	7
1	5	6	2	8	4	7	9	3
9	7	4	3	5	6	2	1	8
2	3	8	1	7	9	4	6	5
3	9	2	7	1	8	5	4	6
8	4	7	6	9	5	1	3	2
5	6	1	4	2	3	8	7	9

3	1	2	7	9	8	4	6	5
4	8	6	1	3	5	9	2	7
5	7	9	2	4	6	8	1	3
7	5	4	9	2	1	3	8	6
6	9	8	3	5	7	2	4	1
1	2	3	6	8	4	5	7	9
9	3	7	4	1	2	6	5	8
8	4	1	5	6	9	7	3	2
2	6	5	8	7	3	1	9	4

7	9	8	2	3	4	1	6	5
5	4	1	7	8	6	3	9	2
6	2	3	5	9	1	8	7	4
4	8	9	1	6	2	7	5	3
1	5	2	3	7	8	6	4	9
3	7	6	4	5	9	2	8	1
2	1		8	4	5	9	3	7
8	6	7	9	1	3		2	6
9	3		6	2	7		1	8

30 Light and Easy

7	9	2	4	8	5	1	6	3
4	3	1	7	2	6	9	5	8
5	6	8	3	9	1	7	2	4
1	5	3	8	4	2	6	7	9
2	8	9	6	1	7	4	3	5
6	4	7	5	3	9	2	8	1
8	2	5	1	7	4	3	9	6
9	1	6	2	5	3	8	4	7
3	7	4	9	6	8	5	1	2

2	4	8	7	5	9	1	6	3
5	6	1	2	3	8	4	7	9
7	3	9	4	1	6	2	5	8
3	9	2	6	8	7	5	4	1
6	1	5	9	4	3	8	2	7
8	7	4	1	2	5	9	3	6
9	5	6	8	7	2	3	1	4
1	2	7	3	9	4	6	8	5
4	8	3	5	6	1	7	9	2

9	3	5	6	8	4	2	1	7
1	6	2	5	9	7	3	4	8
7	8	4	1	2	3	5	6	9
4	9	1	8	7	5	6	2	3
3	5	6	2	4	9	8	7	1
2	7	8	3	1	6	4	9	5
6	1	3	9	5	2	7	8	4
8	2	7	4	3	1	9	5	6
5	4	9	7	6	8	1	3	2

8	1	4	3	6	9	5	2	7
6	7	3	4	5	2	8	1	9
2	9	5	8	7	1	6	4	3
9	2	7	5	8	4	3	6	1
5	8	1	9	3	6	2	7	4
4	3	6	2	1	7	9	5	8
3	6	8	7	4	5	1	9	2
7	5	9	1	2	8	4	3	6
1	4	2	6	9	3	7	8	5

34   Light and Easy

8	9	3	4	2	6	7	1	5
2	5	6	7	3	1	9	8	4
1	4	7	9	5	8	3	6	2
9	3	4	2	6	7	1	5	8
7	2	8	5	1	3	4	9	6
6	1	5	8	9	4	2	3	7
5	7	1	6	4	9	8	2	3
3	8	2	1	7	5	6	4	9
4	6	9	3	8	2	5	7	1

5	9	7	2	4	8	6	1	3
8	2	6	1	3	9	7	5	4
3	4	1	5	7	6	8	9	2
2	5	8	4	9	7	3	6	1
7	3	4	6	2	1	5	8	9
6	1	9	8	5	3	4	2	7
4	6	5	7	1	2	9	3	8
9	8	2	3	6	4	1	7	5
1	7	3	9	8	5	2	4	6

	8	1	9		4			2
4		5		3		1	8	9
				1				4
8	1					4	5	7
9	6	4		7		3	2	1
7	5			4	1	8	9	6
5	4		1			9	6	3
1				6		2	4	5
2		6	4			7	1	8

6	4	2	8	1	9	3	7	5
8	7	1	2	3	5	9	4	6
5	9	3	4	7	6	1	2	8
3	6	9	1	8	7	2	5	4
4	5	7	9	2	3	6	8	1
2	1	8	6	5	4	7	3	9
1	2	4	7	9	8	5	6	3
9	8	5	3	6	2	4	1	7
7	3	6	5	4	1	8	9	2

38 Light and Easy

3	6	2	1	8	5	4	9	7
8	7	9	6	4	2	1	3	5
1	5	4	7	9	3	6	8	2
6	9	1	2	5	7	8	4	3
4	2	5	3	6	8	7	1	9
7	3	8	4	1	9	2	5	6
2	8	6	5	3	1	9	7	4
5	1	7	9	2	4	3	6	8
9	4	3	8	7	6	5	2	1

1	6	2	5	3	8	7	9	4
7	4	5	9	1	6	8	2	3
3	9	8	4	2	7	5	6	1
9	5	3	6	7	4	1	8	2
6	1	7	3	8	2	9	4	5
2	8	4	1	5	9	6	3	7
4	7	6	2	9	5	3	1	8
5	3	9	8	4	1	2	7	6
8	2	1	7	6	3	4	5	9

4	2	6	1	3	8	7	9	5
3	7	1	9	5	2	4	8	6
8	9	5	7	6	4	1	3	2
7	3	8	6	1	9	5	2	4
5	4	9	2	8	7	6	1	3
1	6	2	5	4	3	9	7	8
6	1	7	8	2	5	3	4	9
2	5	3	4	9	1	8	6	7
9	8	4	3	7	6	2	5	1

3	6	8	4	7	2	5	1	9
1	4	2	9	6	5	8	7	3
7	9	5	1	3	8	6	4	2
8	1	4	2	9	3	7	6	5
5	2	9	7	4	6	3	8	1
6	3	7	5	8	1	2	9	4
4	8	1	3	2	7	9	5	6
2	5	6	8	1	9	4	3	7
9	7	3	6	5	4	1	2	8

	5			8	6	2	7	1
				5		8	6	4
6		8		4		3	5	9
5	2	6	8	9	4	1	3	7
3	9	7		3		6	4	8
8	4	1	7	6	3	5	9	2
7	6		3	1	8	4	2	3
	8		6	7		9	1	5
			4	2		7	8	6

8	6	7	3	4	2	9	5	1
4	2	1	6	9	5	8	7	3
5	3	9	7	8	1	4	6	2
3	4	2	5	1	6	7	8	9
1	8	5	9	7	3	2	4	6
7	9	6	8	2	4	3	1	5
2	7	8	1	6	9	5	3	4
6	5	4	2	3	8	1	9	7
9	1	3	4	5	7	6	2	8

44   Light and Easy

	4	3	6		1		5	
	6	9					1	4
	1	5		4				6
9		8	4	1	2	6	7	
4		2	9	7	8		8	1
1	7	6	8				4	
5	2	7	1			4	9	8
6	8	1	7	9	4		3	
3	9	4	5	2	8	1	6	7

3	9	4	5	1	8	7	6	2
7	5	2	3	6	4	9	8	1
6	8	1	7	9	2	5	3	4
4	2	5	8	7	6	3	1	9
9	6	3	2	4	1	8	5	7
8	1	7	9	5	3	4	2	6
2	4	9	1	3	5	6	7	8
5	7	8	6	2	9	1	4	3
1	3	6	4	8	7	2	9	5

	6					1	3	
	8	1				9		4
7		9	1		6		2	5
4	7	3						
9			2		3	4		
	2			7	4	3	5	
		7	9			5	4	3
			3				1	6
2		4	6	1				

		8			5			1
		3					5	
5			1	2			3	6
3				4	8	7	6	2
				1	7		8	
					3	1		9
		3		4				7
		5						
		4		8		6	2	

48 Light and Easy

	4		6			2	7	8
	2				7	4		5
			4		1		9	3
	5		1	7				
1		8		3	5			6
	3	2		4				1
	8	4		1	2		6	
3		9	7					
			5	6			3	

	5				9	1		3
	8		7					
	3			4				
			3	9				2
4		9		1	5	7		8
	2			6	4			
1	9		4					7
2						8	1	9
5					1		2	6

	6			8	2			1
8			3		6			
		4	1		9	8	6	3
				9	8	1	3	2
					5			
	3	6			7		5	
		9		7		2	8	
	4	8		2				5
	2						9	

		6		5		7		
7			9	1	6		4	2
				8		1		
							8	
5	2	9	8	7				1
	8					2		4
8			1	9		4	5	7
4		2						9
9			3					

					3			5
	4	8	7	5		9	2	1
5	7			2	9			
	1		2		7			8
2					8	3		7
		4		3		2		6
1				8			6	4
8	9	7	6		4			
	2		3					9

3					2		7	
	2			3	5			
	1			4	8	3	2	
1		2			6		4	3
	9				1	2		
	3	6		5				7
2				8		4	3	
	4		5			1	8	9
	8		4	6				2

54   Light and Easy

7	1		5	2	9		4	
				6	3			7
	5			8	7		9	
		1		3				9
8		9				6		3
		7	2	9				
2		4	3		5			
9					8	5		4
		5						

	5			6	3		2	
2			9		1	3		
	6	1			2		8	7
7				5				
1	4				6			3
		2	1	7				6
				3				2
								4
	1		2		5			

56 Light and Easy

		1	7	4		3	5	
	7		1		5	9	8	
		9			6	1		
1		3			4		2	
9	4	2						3
6			3	1	2	4		8
	1	8	2					9
						2	3	
			9	3	8	6	1	

1		6		4	2	7		5
5			3	7			4	
	7			8				
8	9		4			2	5	7
2	4			1		3		
6					7			1
	5		8	6		1		4
9			1			5	7	3
3			7			8		

58   Light and Easy

				2		9	8	
6	2	8						5
9		5	8		1			
1		4			3	7	6	
					4	5	9	
					2			
8						6	5	
	5		7			4	3	
	6				8	2		

		3		2	4			
	8			1	6			
	4							9
7			3	8				2
	3	1		9		8	6	7
2				7		3	4	
3		6				9		8
8			1			4	7	
4	7	5					1	3

7	6				5		2	
5	2							
3	4		1			7	9	
4	7		9		6			1
9	8		2	1				6
6			7	3	8	5		9
	3	6	8	7			5	4
		7				2		
8			6		1	9		

8			9			2		7
			8		4	9		3
9		3				8	5	4
3				9	8		7	
4		7	6	5				
		8	7					2
	1	2		8	6	5		9
6		4	5	7		1		
	8				1		4	6

		2			3	5		7
7		6	5		9	2	4	
4				9		1	6	3
9			7	1			5	8
1				3	8			9
			3			9		2
				5				4
		8	9		4			5

	4	8		2		9	6	
2				3				
1	5	3	6	8				
9		4	2	1				
	1							7
			9			2	8	1
8		6				1		
				9				6
	3	7	1	5			2	

		1						4
7	3		1				9	
			4		3	1		2
1				7		9		
3	9		2		6		8	
		2	5					1
6			7		2	3		
2				8	5		1	
							5	

	1						4	
		8	4	9			1	
	9			7				2
4		5	2				7	1
					5	2		
		3					5	8
9		7	1					
					3			
	8	2	9	6	4			

	7		1					
4	5	6		8	9		2	
8			7	5			9	4
		4		1				
	9		5		3	2	8	
6			9		8		7	
5	4					7		3
7	2			3		8	6	9
				7	1		4	

								3
4		3			2			
7	6			1		2	9	
2					1	4		
	1	4	2	7		9	6	
	5			4	8		2	1
						1		
				5	6			
9	8					3	7	

			4	8			7	
		7				1		
4				9		5		6
	6		1				2	9
				2				
	2				4			3
2	9		3	5		4	6	
3			6					
	4	8				9		

	1		4	7				5
		7	6				2	3
	6							
8		5		3	6			
6		4		1				
1	2	3		4			8	7
				2	3		5	6
		6		8				
		2	7		5		1	4

70 Light and Easy

8		5	9	1		7	2	
		9		3	6			
			5		7	6	4	9
				9			3	4
1							5	6
9		6	4	5			1	
		8		6	3			5
5	4	7				3		
6					5	1		2

			5					
	6	8	1			9		
			2	8			3	7
7			3				8	
1						7	4	
		9			7			
	1		4					6
	9	7	6		5			
2	4	6				8		

	6	4	2		7		3	
1	9					2		
	7	2					4	
		7		9				5
	1		4	8	5			
5			7		3	6		
	5	8		6	4			
			7				8	9

8			7					
6		2		1				
	9		5					1
		4	6	8			3	
1		8				2		9
	6	5			2	7		
		6	9				5	
			2		1	4		3
	7							

		5	4	1				
9		4		2			5	
6	8			5		7		
7					1		9	5
8	5	3		4				6
				3		4		
			1	7			6	
						2	7	8
5					8			

3	7	2					1	8
		5			9	3	2	6
9				8				
	5		3		8	1	6	9
2				4		5		
		9	5		7	8		
				1				5
	8				6			7
4			8	3		6	9	1

			1		3		9	
		8		6		7		1
	5						8	
	3		5		8			6
		6	7			3		4
	7	5			6	4		9
	6		9		1		3	
		3			4			2

1			7	9	8	3		5
3				6		1		2
6	5							
7	8				6			3
			2	8	1			7
	2				9			
		4			2	7		6
			8			4		1
9			6			5		

	1			3	2			
			1			9		8
9	4	2				5		
3	9		2		1	4		
8	7						3	
		1	4		3	7		
	3	9				8		5
	8	7		9			4	
4		6	3	1			9	7

3	2	8		4		7		
	1	4	9	5				2
						4		
2	3		5					4
9	4			1		8		5
	8						3	
	7		1	2	4	5		3
			3	7		9	4	
4		3	8	6				

80 Light and Easy

5		2	1					
		7		6	4			
			3					9
			9	3				7
	3	9				6		
8								4
6	7			4	5			8
		1	8		9			3
9	8	5						

1	5			8	9		6	
	2							8
		7			2		4	
		8	6		7	1		
2			9					3
		5	8	3			2	9
				6		5		
8		6	1				3	2
	9				3	8		

Light and Easy

		3				2		8
1							9	
2	5						1	6
6		7	3	8	1	9		4
				9	4			
9	4				7			
					8			
5		4		3			6	7
	3	6						2

9			4					
8	5	7	6					
		2		5			1	
	4		8		1		9	
			2		5		3	
		5		6				8
			5				2	
2			3	4		7		
	3					4		6

84   Light and Easy

4			2	6		3		7
1	6			7	5		8	
2				3			1	
		8	3		4	9		
			5	9				8
7				2	6	5		
6	5	7		4	9			3
		1			2		9	4
	4							5

			1	7			5	6
1	2				4			
7	6	5			3			
5	9	4						8
2		1						5
						4		
	7					1	9	
	1			9	7		8	2
		8		2			4	

	3	7			6	4	5	
	8			4	1			6
								3
		9		2				8
		2			7	6	4	
						5		
8	7			1				
			5			3	8	7
		3	2				9	

	4			7	6	2		
				9			3	
		1		5			4	
		6	5			8	2	
		4	2		7			5
	5				8	7	6	
		2		8	5		9	6
	8	5		2		1		3
4	7		6	1				

4	5	8		3		7	2	
				8		6	3	4
7		6		4	2		8	
8			2	5				7
			4		7		6	
6	7					9		
	9			6	4		5	8
2	6			7			9	
	8	4	5			1		6

		1			9	7	8	
	6	5	7		4		2	
		9		5	3			
2	4				6		1	
			4	8				
		7						
5		6		9			7	
						1	9	
	7				1	3		

2						6	5	
	1				3		7	
9				7	8	2		1
8					9	7		
				6		3		8
		6		1			9	4
7						9		
			7				2	
1	5	9	3					

					8	1		6
				4			2	
	9	8	2				5	
2		1		3	7			
					9	5		
4	3					7		
		6		2	1			
7	4			8				9
5			3					7

				6			9	
3	4	1	8		9		6	2
		6	4			8	1	3
9	6		7	2	4		3	8
1		2	9					6
	3		5			2		9
	2	9	1	8	7			4
4	1				5			
		8	6				2	

3		6	5				8	4
2			7	6		9	5	3
			3		9	2		1
9		8		7			1	5
	5				3	4	9	
1	3			8		6		2
4		2		5				
	7				1			
8			6	3		5		

		8						
	1		9		2		4	3
			3			2	6	1
	6		4					2
	9					6	8	
8	7				5		1	
							7	8
2			1		6		5	
9		1			3	4		6

7		2						1
1	3							
	9		2	5			3	
4	2	9			8	3		
3			7				1	4
5						6	8	2
6	1		8	3			4	
9	8	5	1	6	4	7		
			5			1	6	

9				6		4	5	7
6			5		7			
7	5	4	9		3			
5		8	3	9	4			
2								3
	9			7	2	8		5
	1	5	4		9			8
				5			2	1
		6				5	9	4

		1				7		
5					2	4		
9	2	7	5	4	1		3	
7	5	8		3	4			9
4		2			9		7	6
					7			
	6	4	9		3			7
				7		2		
			8	2				

3				6			5	4
	4						2		
	5		9					6	
5	4	9				7		6
			3					2
1			6	5	7	4		
		7	2	8	6			
				3		1	8	7
		5		7				

					3	2		6
	1			2	6	3		
2	6		7	8				9
	3	7		5	2			1
9							4	2
1					9		3	5
	2		1			5	7	
					8	9	2	
3	4	5		9			6	

							9	
	3	5		6		2	4	8
1		9		8	2			
		3		7		4	6	
		8				7		5
6	7		3					2
8		4	9		6			
				1	3	8	5	
		7		5				

	3			1		4		
	5				4			7
9	7						2	
5			3	2			9	4
1		9				5	6	
				9				
				8		6		
					7		4	
6	8	7		4	9		1	5

	5	6			4			9
8		4			5		7	
			3	6	1		4	5
			4	3		9		7
3	9		1			5		4
4	7		2			3	6	1
7		3				6		
				1	7	4	5	
5	6			4	3			

	3					5		
7	2							3
	1	6		5	9	4		
1		8	6		5			
			9					4
		2	7			8	5	9
	8				4		7	
				2				6
6			1		7		8	

4	9					6	2	1
	6							
5			6		2		7	
	5			3		1	4	
	3		7			2		
	8		5			9	6	
		1		8	3			5
		9	4		6	8		

3		5				4		
2			7	4				5
		1						
1			8	6		9	5	3
	3		2	9			6	
4	6	9		3	5	8	7	
7	9	2	6			5		8
6					2			9
	1					2		

6		4		3			8	7
	9			7	4			3
	8			2				
8	6	2	1	4		3		
	1				3	8		
					5	7	2	1
1		8	7			6		
							5	8
	5		3			9		

4	6	2	3	9			8	1
7	3							9
1		8				2		3
		8					4	2
9				7			3	6
	2	4		1	6		9	5
						6		7
			3	2		1		

108 Light and Easy

8				9			2	
	7							
	4		6	8		1		
	6	8	7				9	
2		7			3			1
	1	3		2		8		
	8	1				7		
						4		2
				1		6	8	9

3		2	7				6	
8	1			6	5	2	4	
			1			7		5
	7	9		4		6		
5		3				9		4
	6			8	7		1	
6						4		2
	9				2	3		
4								

110   Light and Easy

6	1			9	4	5		
8	7			2				
		2	6	7			3	8
		5				1	8	6
				8				9
9	8	1		5		3	4	7
	9	8	3	1			2	
	3				5	8	1	
						7		

		2		6			1	
	8		1		7	9		3
1	3						6	
		4		8		1	9	6
6	5			9				2
			6	3	2	7		
2		3	9	7	6	8		1
7				4	8		3	
5				1			7	

			3	6	8		5	
		8						9
	4		5	7	9	6	8	2
	2	6	7	4	5	3		
				3	1			
		1			6			
	5			2			6	1
		9	1		7	4		
		2	6			5		

1			8	6			4	5
4				2	7			
	7	9	4			8		
	5	2		1			3	
		4				2	5	
				5				4
		7			6	3		
5	6		3				2	
3		8		9		5		6

114 Light and Easy

	5			6			7	
			9	1	3			6
9	2			7		4		
3					5			
2			6			3		5
		1		2	7	6	9	
8	4	5		3	6			7
7				5	9			8
6		9				5		3

9			1	8				4
								8
	7	4			9			2
2			9	3			4	
7			8	1	6			3
	1	9		7			8	
	9		3					
				9	7	4		
1		2	6					

116 Light and Easy

7			8	9				
			6					8
5	6	8				7		9
		2		4		8	5	3
1		3		8	5			
8	5					4		
					8	2	4	7
	2	6			4	3		
4					1			

8	9			3	5	1	2	
	4				2	9	3	
5							7	
		8	1	5				9
	6	5			9	7		1
4	1		6	7			5	
	5	2			7	3		
7	3				4	8	6	
9	8			2		5		7

118   Light and Easy

				8				
			7		4	8	2	
4		2	5	1				9
9							7	3
			9	7	4			8
	7	5	3	4	8			6
5	3	6					8	
7	9		8	5	2			1
8		1			3			7

			3		9	1		
			4	6			3	2
3							8	6
	1	4		3				
7			2			3	5	
						2		8
8					1			5
	2		9	4			1	
4	6		8			7		

Light and Easy

5	7			3			8	2
1		9		6		7		
	8		7					
	1	5			2	3		4
4	3		5				2	
2		8		4			9	
6		4	3	5		2		
		1	4			9		
		3		8		4	1	5

7			5	4				
		8	1		2		5	3
				6	3			4
	8	6	3	5				
	5	7			4			8
9		4		2		5	6	1
				3			4	7
	7	2				8		5
6	4	5		8	1			

122 Light and Easy

	7				6			9
	8	3	2			6		
		6	7				5	3
9							6	
	5							
		4				8	1	
		1		7	8			6
7	4		6	3				8
	3		4	2	5		9	7

1					2	8		
2					8		5	4
			5	6			1	2
	7		1					
4	3	2		9	6			
	1		2		3			
3		1					4	9
6		8				5		
						2	8	1

124   Light and Easy

				8			5	
7	1		9	2		3	6	
	6			1		4		
	8	1	7	6				
9			8			2		
5	3	7			2	9		6
6	5	8						9
		3	2	7	6			5
	7	2		9			3	

4	3		1		7		8	9
1		2	5		9		4	
	8			4			6	1
				2	4		9	
						3	2	7
7			3		6		5	4
		3		5	2			6
				7		9		
5	4	9	6	3				

126　Light and Easy

		7	1		8	3		
1			5		9		8	
		3	6			4		
					1	9		
	3			9		6		7
2			7					8
					6	8		3
	8		9		7	1		
		1					7	6

5		7				8		9
8		2				7		4
9		4	7		8	3		6
4	8	5	2	3	7	9	6	1
2	7	1				4	8	3
6	9	3	8	1	4	5	7	2
7	4	8	6	9	2	1	3	5
3	5	6	4	7	1	2	9	8
1	2	9	5	8	3	6	4	7

128 Light and Easy

			2		9	4		
6		7		8			1	
		9		7		3	8	
9	4	5	8			2		1
		2						4
	3			4				7
			7	3	5	1		8
5	8			2				3
	6	3	4	1	8		2	5

4	9	5	1	7	3	8	2	6
1	8	3	6	4	2	9	7	5
6	2	7	8	9	5	3	1	4
8	5	6	9	3	1	7	4	2
9	1	2	4	6	7	5	3	8
7	3	4	5	2	8	6	9	1
3	4	9	2	5	6	1	8	7
2	6	8	7	1	9	4	5	3
5	7	1	3	8	4	2	6	9

3	2	9	7	5	4	8	6	1
4	5	8	1	6	3	9	7	2
7	6	1	2	9	8	4	3	5
8	1	4	9	7	6	2	5	3
2	9	6	8	3	5	1	4	7
5	3	7	4	1	2	6	8	9
1	8	2	3	4	7	5	9	6
6	4	3	5	2	9	7	1	8
9	7	5	6	8	1	3	2	4

6	3			4			1	
1				8			7	
2	9			1				
4	1	6			8			
	5	2			1	7		6
	7	9			6			1
9		1				8		7
5			1	2	7			3
7		3	8	9	4	1		

132 Moderate

			8			7		
	2							
			7				5	6
						3		
3		9		5				
6	1		9			4		2
								3
		8	2		6	1		
2				3	9			

9						4	8	
	4			3		9		
		6			8			
1			9			2		
	7			5	1			6
				7		8		
	5		2		4			
6								1

134 Moderate

		7		6	3			
	5							6
	4		1					2
	3			5				
	2	9	3	1				
7		6						
			5		8			
						9		
	1		2			4		5

			9					
	7							6
2	6			8	1			
				3		5		
		1	5				7	
8								2
		4		6		8		
			4		5	9		
			7			2		1

136 Moderate

	2	4		8				
				1		7		
	5		7		3			
								6
		8					1	
2		9						4
					8	1	4	9
				6				2
	4	3	5					

9		2						
4		6	2			7		5
		9				6		
3		7					9	1
	8		3			2		
1								
				2			3	
	4			3	8		6	

138 Moderate

		1				8		
				3				9
8								
					7			
	2				6		1	4
	6	3		5				
						9	5	
		4	8		5	1		
6	1				2		4	

			5					3
	7	6		9			8	
			2			5		
								2
		1	8	6				
	8	3			7	6		
2							1	9
	5		1					
		9						

140 Moderate

	3	6	5					
			8		2			3
1								9
		5		6		2		
			2					
8		7				4		
	6				9			8
							9	7
				7		6		4

	1	2						
8	4		2	1				
	5							7
2	3	1						9
				7			4	
				9				1
		4					8	
			9	6			5	
	7	8	3				6	

				5		6		
		5	6			4		
					2	8	7	
6	3				1			
							4	
	9		8		7			
			3					9
7						2		
		4			6		1	7

9		8				2	7	
5			9			4		
					7		5	
			1		8		3	
	7		2					
3			6					
6	2				9			5
		5	8	4		6		
	3					7		

144 Moderate

		4			3			8
1				5	2		3	
								4
2		3	8				7	
		9						
5				1	4		9	
		1				3	8	
8				7	5			
	9	2				1		

							6	
		1	9			3		
8				2			9	
	1			5				6
9				7		8		
2			8	1				3
					7		1	
			2	8				
	2		1	3	6			8

146 Moderate

			6	8				
		5	1				8	9
	7				2			
		7	3			2		
		4			9	3		
	6					5	1	
	5			4	6	7		1
				5				
6	9				1			

	5				6			1
		6		4				9
	2		8			4	5	
	6			8	1		7	
		7						
	1	4						
	9				3		8	
2		1		9				
					2	9	4	

148 Moderate

7			6		8			4
		9					1	
				1	4	6		
			8					5
	3					9		
5		1	7	9				2
4					7		5	
			3				6	
	2	8	5					

1						9	2	
							4	
		2	7	8				
4			8					
	1					5		2
7						3		
							5	
			4	1	3	6		
3	7				5		9	

150 Moderate

3	4	7			6		5	
	2				9			
		5	1	4				2
	6				3			
				7		9		
							1	8
6			4					
	5							1
		8	5	6		7	4	

					7			2
			3	5	4	7	9	
	8				2	3		
	9		6					
		4			3	5		
2		5	4			9	3	
6					1			
		3	5				8	
				2		1		

152 Moderate

3					6	5		8
			4			7	1	
8								
				4		9		
2	8					6	4	
	9	3		7				
	5	2						
		7	2	8	3			
			7	9				

7						1		
			9					
	5	2	3		4			
	4		5					
		3		6		4		5
	2				3		1	
		4			7		9	2
2	6	1	8					
	9				6			

154 Moderate

7		9						
								6
	1	4		5				7
						7		4
6					2	8		5
2		3		7				
	2		6					
					5			
9		7	2	8	1			

	9			5				7
	6		8		7			4
			2		4			3
6				1				
8								
	7		4					5
		3			1		8	
				3			1	6
2					5	3		

156 Moderate

		5		8			9	
8					6	4		
	4	9			3			
	7			1		8		
			2		9		5	
5						6		
		3	5				6	
2		8		7				
				6				7

			9		1	2		3
	9	8						1
2				5	3		6	
					8			
		7				5	4	
3								
		9	2	7				5
			4				8	

			5			8		
		6		2	7		4	
	8		9			3		
8	5					2		6
				5			1	
2		7						
				7	9		2	
	6	3			4			
1				3				

		4					1	
		6	3		1	8	9	
8				4				
	6	3	4			7		
				6			4	2
7								3
		2	1	8		9		6
		5		9	7		3	

160 Moderate

			5	9		8		
	6				4	3		
2	3		6					
								7
	2	1		3				
			4	5			2	
		7	9					4
				4			7	
		5	7		8		3	6

				1		2		
8		9						7
5	1	6			9			4
		7				8		
	5				4		1	6
			9	2				
							2	3
				6	5		9	
	9	3	4					

162 Moderate

3		5		6				2
7	2		4				6	
8						5		
6				3	7		2	
	7		9		5		3	
			5			1	9	
			8	9				7
	1	6						

6	4						5	3
5								
					4		6	
	2			6	3		4	
	9		7				1	6
					9	5		8
	5	3	2		8			
	6			1				9
		2	3					

164 Moderate

		5		9	8			
		8		6		4		7
2			1		7			
4			2					
6						9		5
			8				3	
	3	4				1		
				2				
9		7	5					

	5						7	1
4					9		3	
	1		6				2	
6			5					7
1								
7	8	5		2				3
5				3				8
	2			7		4		
	9	7			1			

166 Moderate

2			6	4	9			
				2	7	1		5
	4		7					8
	2	5	3	1		4		9
						3	8	7
	3		5		6	9		
4								

		7	6		9			
		3	4					9
							5	3
7								
	8			7	5			
				9	2	1	8	
2						7		
6	5							
					6	2	4	

168 Moderate

						2		
5							9	4
2		9	3	4			1	
		7	6					
9	1		2					
	2	6	1			5	3	
4					8		7	6
				9		8		
					6	4		

			3	4	5		6	
6					1		5	2
	4							9
	1				4			
9					3			
	7		6		2	5		
2	3						9	
	5			3				8
4						2		5

170 Moderate

	8			1				
	7				5	8		3
2		9						
			1		4	2		
9		8	6	2		7		
1							3	
4				7		3	1	8
			5				2	6

				9			4	3
		9	7			8		
4					8		2	
			3		2		6	
		7		4	9			1
8				5		9		7
					7			
9	3	1						
	7	6						

		2					1	
8		3		9	1			
			7	4			5	
	4	6	1	8			9	
		2				7	4	
						4		
	5	8	9	4		6		
		9	7			8		

	4			7				5
7				1		2		
5	3						9	4
		3		5		9		
	5		2					6
			6		8			
		4			1	3		
		7		8				
	6			9			2	

174 Moderate

				7		2		6
	1			8	6			
				5				
		4		9				
7								9
		3				8		
5			4				3	
4					1		2	
8	9					1		

				1		4	6	
						7		9
	4						5	2
	3	5	1				7	
9				8				1
				9	2			6
				7	2			
		8		4				
	2	3	5					7

176 Moderate

	3	7				2		
	8				5	7		6
	5			1		4		
				4				
			8				7	9
9		6		3	7	5		
	4	1		9	2			
			1					5
			8					2

		4	6					3
	8				4			5
9				7				8
1					8		4	
			3	4				2
			9				6	
8		2	7			5		
		3						
	4	7					3	

178 Moderate

			3		4			
1		3	2				7	
						5	6	
	8	1			9	7		
6	9		4		7			
7								6
				8			1	
						4		5
			7		5		9	8

					2			9
6								
8			5	7		3		
2			4		8	6	1	
	8			9	6			
5	7							
							9	
				6		1		
4	5	3					6	

180 Moderate

3	2							7
			2				9	
8								
		5			3		1	
6			1	5	2			
			7			4		3
						5	4	
	3	6			9		2	
			5			7		9

	8				6			
				2				
			9	3	5		8	
4	1				3			
			1				5	
	3		5		7	9		
	4	8						7
6						1	9	
2	5		4					

182 Moderate

				3			4	
							5	
		5	2		1		7	6
2						6		
4			9					
3			8					
	6			3	1			
	1	7			9	2	5	

3								
4			8					
	1			5	9		7	8
2		4	1					
9								3
1				6		4		2
				7		1		
8					1			5
				9		6	2	

184 Moderate

9	5	3			1			
							2	
							3	5
	9							
6		4			8	5	9	2
	3			2	9	4		6
				9				3
			1				8	
	7		3			2		4

	8			1				
1	3		6		4			
						4		
		4	2					8
		1			9		3	
	9		7				6	4
						1		
6		3				5		
	1	7		3	8		4	

186 Moderate

				7	3			
4								6
		6	5	8			7	
			2	1			4	
8	5	1			9			
		4					3	
	6			9		7		
1		5	4				6	
2							9	

9		7		1				
3		4			2			6
	2						1	
				6			4	5
		5						
7			8			6		
					7	8		
4					3		6	9
	7		5			3		4

188 Moderate

		7		9			6	1
9						2		
				1	2	7		
								9
		8	2			6		
		9	6				4	
	8				1		5	
3				8			7	
	5	1			6	8		2

	8		1		9	7		
	5	2		3	4			
								9
					6		2	
			9			4		
	7							6
	1						8	5
				5		2		
		5	4	7				

190 Moderate

					1	9		
	4	3			8			
8				2				
9		4		6				7
						5		
2				1			3	
		7		9		6		
5	9				3		4	
	1	2	6			3	9	

		5	9			1		
	3	8			5			
7	6			2				
8			6		2			7
					3		1	
	7	9				6	8	
				1				2
3		4	5				7	

192 Moderate

				9				
5	4				1	3	8	
9		1						2
	6						4	7
						6		5
			4		8	5		
		4	9	7			6	
6	2							

4		9				5	7	
	6			5				
			7		8	4		
		3		8				
	8			2		6	5	
			6		3			
	7	6						1
	4		8		2	3		6
8			9					

7	9			1	2		4	5
				7	6		2	
						3		
8		9			7			
	4						5	
	3	6			9			8
		1	7					2
5					8			
6				9				1

			5			2		8
	4			7		9		5
	2			3				
						8		1
1					7			
3		7	8	1			2	6
				8	9			
6		1						
	7	2				1		

196 Moderate

5	1			3				
		2		6		3		5
	4							9
								7
3						1		
	6		1			9	4	
1	2				8			
	9	6				8	2	
		5		4	9			1

							4	6
	7		1		8	2	3	
			7					9
	5	4						
				9			8	
3					2		5	
8	2		5		1		7	
						1	2	
	6		8					3

198 Moderate

	2			3	5			
3		5	1					
	1		4			3		
	6	7	5		9			
		8					9	
				4	6			
2				9			1	7
			2					
	8	4	7			2	3	

		1	5				8	
2				6			9	
					2			1
		7	6					3
	5			8				
				3			2	8
		2				5		
	1	3			4			
			1					

3	1	9	8	2	4	6	5	7
6	5	4	3	7	9	2	8	1
8	2	7	6	1	5	9	3	4
1	8	6	5	3	7	4	2	9
2	4	5	1	9	6	3	7	8
9	7	3	2	4	8	5	1	6
7	3	8	9	6	2	1	4	5
5	9	1	4	8	3	7	6	2
4	6	2	7	5	1	8	9	3

4		8					9	
1	3			5	4		8	
					3	2		
	2				6	4	5	
3							1	6
		7						8
		3		7	5			
			2			1		4
	4			6				

	9							7
		2			7	5	1	
	3		5		2	6		
			6	3	9	4	8	
		6						
5							9	
			7	4			5	
		7	9		5			
					8			

9				8		6		
	5	6					4	
	7		1				3	
6						5		
					5	2		
			4		3	1	6	9
					4			
7					2	8		1
			8	7			5	

204 Moderate

	3		2		7		8	
				3				1
5		1						
		2	3	4				9
4	8		5					7
							5	
6			4		8	5		
			7			6		
					2			

	4					8		9
			1		5			
	9		2			3		
			3		9	2		
7	1			6				
9		8		4	1			
4		1					6	
8						5		2
							3	

206 Moderate

			4			7		
		4		5	3			
1	7	3	2					
			3			6		
				2	1	9		
				4	8			1
		8						6
4			9				2	
	3	1						4

	5	1						
				4		9	5	
8	2			1				
		3		7	1			
							9	
1						3		
			2		3			
		9				8		
		2	5					4

208 Moderate

	8	3	2					
		4	1					
2			9	5				8
		7		8	3			1
						2		
8	1				2	7	4	
3				9			6	
	9		7			8		

			7			8		
			8					6
	2		3	5	6			
1		8	9			2	5	
9				4		6		
6					3			
7		4		2			9	3
	5							7
						4	8	

210 Moderate

	3			9			1	4
			2					
5	9	2			8			3
4					5		3	
				2		1	6	
	2					9		
		6		4				
9	8		3					
3			1		2			

		4						8
		2		3	6			7
			9			3		
	9	8			1			
			6		3	7		
			2		4		5	
	8		1		9	4		
6								
	5	7		6			3	

212 Moderate

	5			6				
	6						1	3
1		2			4		6	5
	8				9	2		
								1
				3	5		8	
9			4		3		2	
			5					
		5			1	6	9	

					7	2		8
5	6	8						
				9	5			
			7	1	3	6		2
	7	6						3
							9	
9	8		6		2		7	
	2	5	3		4			
				9				

214 Moderate

	4	7	9			8		
				1	6			9
9						5		
5		9				4	6	
6	2			5				
					7			8
	8				2			3
			5	4				
		2						

		8	6					7
9		6		1				2
	5				8		4	
2								
7				9	1			5
		5		6				
6	7					8		9
			9		6	7		
			7				1	4

216 Demanding

3		7					4	6
				2			9	
	4					3		
	1							
		5			9			
2	3	9		6			8	
	8							7
		1		9	2	6		
			6					

5				4		9		
							8	
2								6
				3				9
3		9		2	1			5
					7		6	
	7		4				1	
	5			1	6	3	4	
		3						

					3		8	5
		2		7	8			
		3		9				
		6				5	4	1
1		7		8	9			2
	1					6		9
			3	6				
	6						5	7

				5			2	3
					6			
7	6	2						
			6		1			
5				2		9		1
2								
					8		3	4
		1	9				6	
4			7			5		

220 Demanding

			3					7
	5		2					6
8				1	4			
		8						
1				4	9			
			5		1			2
						7		
2						3	9	8
9			6					4

		6	7			8		
						2		3
2							9	
	4		8					
	9	1		6	3			
4						3		
		8	9	1		7		
5						6	1	2

222 Demanding

		3					2	
		4			9	1		
	1							9
				1	2		6	
		8						
			9	7		5	1	2
8				6	7			
				8		3		
			5				4	6

5		7	9					
		8					2	
	2	9	1			6	5	
4								5
	9			1	2		3	
	3		7					
		4			3	7		6
				9			8	
						2		

224 Demanding

8		2					5	
			3			2		
7			9					6
4								2
9				8	6			4
		6		2		8	9	
2		9		4			1	
		7		6				5

1	3				7			
2	7			3				
	9					6		4
6			5					
					8	7		
8		5		2				
	6					1		9
		9		7			4	

226   Demanding

8				7				
			9				4	8
	3			6				
3		2	7			4	5	
6			2					
		5		4			8	
					6		3	
	7	4	8			1		

			1			3	9	4
2				9				6
5								
	2				7			
4				5			3	
	6	3					7	
					6	2	8	3
1					3		5	9

	1							
			6	9		1	7	2
2						9	6	
			2		4			6
								7
				6	5			4
4	2	3						
				4				
5		7					8	3

							3	
			5			8		7
5	7		2					
				3	6		1	
		8		7		2		
3								
7		6			1			9
		1		2				
			6				4	5

230 Demanding

		6	3		5	8		2
9								
				8		3		
	8		6	7	9			1
		2						
							4	9
7					3	1		
2		4	7	6				

6	8						3	5
		7						8
	1				7			
	6		4					
4				7	5		6	
							8	
					6			9
3					4			
2		4			9			1

232 Demanding

	4			1				
		3	4		9		2	
		8			2			
	7		2			5		
8							6	
	9	6				3	7	
								1
		4	8					
	1			4		6		7

		5					9	
1	6		5				7	
		7				6		
8		6				7		
					9	8		
2			4	3				
			9	6			1	
	9	1					8	
3					4			

4				3	8			5
9							2	
						6		
			9	2	6		3	
		6		1				
7	8							
	4	1	3	9		2		
2						9		
							8	

6	2	1		7		3		
		5	3	9			8	
1								
					5	6	1	
	3	7						2
	9							
			7			9		
		8		6	3	2		

			8					9
	7						4	8
1		9			5			
5			2					7
					6	1		
				1			2	
	5		4		1		3	
		2		8	7	4		
						6		

					1			
8				7				9
2					8		6	
				2				
7	9				4	3		1
	4		3					
	2				9		1	8
				1				7
	3	5				9		

238 Demanding

						4		6
	4	1	3				2	
	9		5	8				
	6	3				9		
4							8	7
7			4					
				2	5	1		
			8				6	
			1	9		7		

2				5		7		6
		5					3	
3	6					4		
			8	2	9			
								3
6		9	1		7		2	
1	8							
				8			9	
			5		6		1	7

240　Demanding

6		7						4
							2	
	5		8		3			
			1			7		
				9		1		5
	4	6	7					
		5		7	1			
	3	2						
				8	5			9

5			9	8				
		3		5		1		
			3	1				
8					7	4	6	
			2			7		5
				3				
		8						9
	7					6		
	3		5				1	4

242 Demanding

		4		7	3	2		
	6			5		3		4
5					8	1		
	3		8					
				7				
		5					2	9
1			7					
				2	9			
	7			4				

				2				9
		1		5	3	2		
	9		1					8
		2		4	7			
	1	7						
					5	9		2
	7			9		8	4	
		6	3					

244 Demanding

			7					
	4	2		3				9
			1	2				
1								
	3	5			7		4	6
			6				7	
		8						5
	7					3		
	2			8	3			4

				9		5		
4		3	2	1		8	7	
								1
		5	1					
				3	4			2
	3	8		2				
						7	8	
	1			4			6	
	9		3					

246 Demanding

			3		7			
	7			9		2		1
	2			8			6	
2						9	7	
			1				8	4
7					4			
	4					1	3	
	6				9	4		
						6		

				5		9	2	
				4		3		5
		6						
		9			1		8	
				6				
	8			2	7			1
	5					4		
		3					6	
7					2		3	8

248 Demanding

8	9	2						7
					4		8	6
								5
				9		5		
9			7				3	
	1	6			5			
					6		7	
		4						
5			8	7		6		2

3				5		2	7	
	6			7	1	3		
		2						4
			8	9			5	
				3				
	5	8						
	9						4	1
			9					3
4		6	3					

250 Demanding

				4		7	9	
6					1	3		
		9						
3								
				5		4		
2	1		4		3			6
							4	8
9						5		2
			8	1	4			3

				3	1			
							9	
		7		6	2			
		8			6			2
	4	2					5	
		9		2	4		3	
	5	4				2		
			4					7
7						8		3

252 Demanding

		2						
						8	7	
		1	6	3				4
			3		4			7
3			1	2				6
			5				8	
	5	8						
					1	9		3
	2				6			

	4				8	7		
7	9				6	1		4
				5		6		3
							7	
		8		6				
			5	1			6	
	1			4				5
	7		2		9			

254 Demanding

7					4	9	5		
		9					3		8
1		6	5				4		
					1	8			
8			4						
					8			2	
			1	5					
		3							
5	2		8				9	6	

6	2			1		9		
1					5		8	
				8				
		6			7			
						4		
	4	9	3			7		2
			7		4			
3	9				6	8		
				5				

256 Demanding

	7	5	1				6	
4			7					
	8				9			2
				9				4
				8			7	9
		1		2	3	8		
	1							8
3					4		9	
						2		

	8	7						9
9			7					
			3				1	
5		2						
							4	
		9	1	4			2	8
4					6	5	7	3
		8				6		
					1			4

258 Demanding

	7						1	
					9	6	8	4
			4					
				8				
		2	7	1		8		
				5	6		9	3
						9	7	
	2	4		6				
	3							5

7			3				4	
		6		4	7		5	
	5							8
						1		6
5			7		6	9		
					9			
				9			2	4
					8			9
		2				5		

260 Demanding

				5			2	
	4	9						
		8		3		5	9	7
						9	6	
				7	2			
				1		8		4
9	1						4	
	5					1		
2	6				3			

1	6		7					
					4	3	2	
	5				3			1
	8			9				7
2							1	9
	9	7				8		
						4		
			2		5			

262 Demanding

	4	8						
					8			6
3			6	1		9		4
5								
		4			2	7	5	
		7						2
			5	6		1		
			4			8		
		3	9		1		2	

6	3					7		
5		2						1
4								
	6			9	8			
						8	1	
						9	4	
		4	1	7			9	3
	7	5			6			
				8	3			

6			8	5				
					2			1
						4		
			3		6		2	
						5	7	
2		9			1		6	
	4					9	5	
7		5			3			
	6	3		1				

				4	2	5		
		7						6
	2			9			3	1
6		4						8
	8	5	4			1		9
			1	6				
	7			5			9	
						3		2

266 Demanding

	3			6				
			8				2	4
					3			
	6			7			1	9
			4		6			
			9					5
6		7	5		8			1
	2				9		4	
5	1		6					3

7							3	
			7					9
	1	2	3		6			
8				7		1		
	9	4				6		
			5		3			
	4						2	
1					2		8	5
								1

268 Demanding

7				4	9		1	
		6		8	3		4	
	9		6				3	
5				7		1	6	
			1			7		2
	4	8						
9		5						
							2	

1				2		6	3	
			6			1		
		5		1				
7			8			5		6
		3			2			9
5	8	4						
		9			5	4		8
	3						7	

	5					9	7	
					6		8	
			2				6	
	2		1					5
		2		7				
				9	8			
2			4					3
	4	5			6	9		
9								

	3	4					2	
				6				
	7			9				
		7				2		8
1			5		7	9		
3								5
				3		8		
6			4					
	4	8			5			7

272 Demanding

		5	6			2		
4		2	9					3
			8					
	9	1	2					
				5				
2	1			4				5
								7
7						5		1
8	3		4					

	1	5			2			
			3	4				
			9					
		1	2				3	
3					5	2		
	9	8			6			
5						9	6	
			8				2	
4	2	6			9		1	

274 Demanding

			3					9
		3	2	7	4	5		
				6				
	6		1	9	8		2	
		4						
								1
					9			5
9	2		7	1				8
1					3			

2								7
					2	9		1
	3			4				
4		8						
						6	7	4
9					1		2	
			5		8	2		
	8		1					
	4				9			

7	1							
			5		1			
		2	6			8		
			3	6	8		1	
4				1				
			2				3	
	3		8		9		2	
1								5
	9	5				4		3

			9					
5		9	4		2		6	
						8		
	3				5		7	
		8				4	9	
						5		
2		5	1	4			8	
			7					1
6	4							

278 Demanding

				2	3		4	1
	7					9	2	
				4	5	1		
		6			5		7	
9			3		2			
		1			6			
5	2			8				
		9	1				8	2

		2		5			9	
		9			8	3		
7		8		6				
6		3			5		2	
		4	7					
						1		
	3				6		1	5
							4	
	2		4			6		

280 Demanding

				6		5		7
9				5				
	2	1	8					
					8			1
	5	2		4	7			3
		4						
	9					6		
4		5					1	
	8				2	4		

	6				4			
						5		3
	8			7		1		
4			2					
				4	5			2
	1	9	6					5
	5	2					4	
				3		8		
1					6			

1	6							
	5			3				
7							4	9
		4		5				7
			8			9		5
5			3	2	6	4		
2								
	4			6	5	2		3
						7	8	

	8		1				7	6
2	3							
				8	5		4	
3					1			
	7						2	5
5			9					7
4	9			7			8	
7					6	2		

284   Demanding

	9				2		8	
4						5		
	8		6	4		3		
5		9						
	2			6		7		1
	7							
	1						3	
					9			
3			1		5	4		8

		7	8			2		
		4				9		7
5	9							
6				1			2	
							3	
8			2			1	5	
4				2				
		1		5		3		
	8		9		3			

286 Demanding

9		6				7		
	2	8		7				
						8	5	
				6				
	9			2				1
1		4			7			
			3					5
5			1		8	9	7	

					4	3		5
5			1	3			9	4
7						6		2
	9		8				4	
	8				3		2	
		5						
				4				6
	3			6				
				5	2			

288　Demanding

	5	6		9				7
		4		3		5	1	
	6					2	4	
				8			5	
	7		4					3
		2						
1				5		8		
3			7	4		1		

					2			
	6		1		9			8
		3		8	6			4
		4	7				8	1
				9		4	7	
	2	6						3
	7		2			9	4	
1					5			

290 Demanding

4			2					6
8	2							
			1	3		4		
		3	9		2			
5			4					
	6		8				5	
	7						9	1
	4							2
6				1				7

4				6				5
	5	7						1
3				7			6	
5				4			8	
	2			8	9			
						7	5	
					3			
	1		2			4		
	7						3	

Beware! Very Challenging

		2			8			
					5			7
4				9			3	
				4			1	
				6		2		9
2							8	
3	1							4
	7		5					
8			1					

1	6			9		2		7
						3		8
	7						6	
8	9							
			7					
4	1				3			
3					4	1		
				2				6
	5		1		9	7		

294

Beware! Very Challenging

							5	
5			9	7			4	
4		7		5		3	8	
	2	3						
	8			2			7	
	7					8		
		8			3	4		1
					1			
			4			6		

							5	
		7				9	6	
		3	2	7	5			
			1		7	5		
				8	2			
			9				4	
3								4
		6	7		4			1
	2	8		6				

Beware! Very Challenging

	8	2	9					
				7				4
4		3						
9			4	1			8	
	6						7	
						2		
6						7		5
		1	6					3
			3			9		

	2	3			5		4	
								8
	6	4						
	3		4			9		
				7				1
						2	6	
4				6	3		5	
	8		9				7	
		1	5					

					9		3	
		3					7	
				2				1
			9		8	7		5
		7					6	
	5	1					8	
					7	4	2	
	2							
	1	5			3			6

		5	1				7	8
					9	1		
6								
8					2			
	7		4					
	1			8	3	2		4
2							9	
			9		5			6
	3					8		

7			5				6	
	8				7			3
9					4		1	
		1						
			9	6	8			
	7			3				
	9							1
	3			2				
		4			6		8	2

7					4			
			2	9			1	
4			8				7	6
	5	6						
			8		2			
	4						3	1
1		2	5	8				
			3		6	8		
	3							

		3	5	8		1		
		2	3	9				
			1					2
	8			7				
		7					2	
		9				4	1	
5						6	9	4
	4			6				
	9							5

						6		1
	8	2						
1			3	9				
			9	1	7			
6	5						7	
				6			4	
		1		7				
			8	4				3
2		4	1			7		

Beware! Very Challenging

			7	4			5	
	2		1		6			
		6		3			2	7
3			8					6
			3			5		4
1						7		
		4		2		3		
								1
		8		5				

7					4			3
2			6		5			
						1		
4			8	9	3	2		5
					2	6		
				6				
		4			1			
	7						2	
3		2				8	7	6

Beware! Very Challenging

						4	8	
		4			6			
3		5						
	8		3				9	
		2	4					1
					9	2		5
	9					1	2	
4				1	8			7
								3

4		9					2	
		8				1		3
					7	6		
			9					
	7	5	3					
				1	2	3	6	
			4		1	2		
		3				9	5	6

308 Beware! Very Challenging

4			5					
9		5						
	7				8	6		
	4							9
			2	3	6			7
3					7			8
				1		2		3
			6	8		7		
8		1						

	9				2		7	3
6				3				
1						8		2
2		8	7					4
4							3	
	1		5					
	6			7				
			4		1			
		9		5			2	1

310 Beware! Very Challenging

	6				8			
8			1					5
		3		2				
			9		3		5	
				1		3		
9		4	2					
		6						
	4	5		3		6		1
			7				9	

		5		1			7	
3							6	1
9							5	
					2	4		
5	7	9	1					
		6			5			
	8		4		9			
					7		4	2
								8

9					2			8
1	5							
					5	9	4	
2		3		5			1	
		6			1		9	5
				9				
3			9			7		
		7		6	8			
	2					6		

		7	2					
9							3	5
	6			9		7	4	
8			7	1				
		6		4				
1	2	3	9					6
	9							
5			6			8		9
							2	

Beware! Very Challenging

	7			3				
			7	4			5	
	5						3	9
	9							8
2			1		8		4	
	6	7	4			9		
					9		7	
			8	1				
		2						

	1		8		4			
6							8	3
	7		1				2	
				9	8			
8			2				5	
			7	6				
								2
		3	5	7				4
9				4			7	

316 Beware! Very Challenging

	7	1			2		4	
9		2		1			6	
3	5	4						
			1					3
			4					
2		6			9			5
							2	
			3		7			4

9		3	8					7
1	8				2	6		
4			9			1		5
			3					
	1				8		7	3
	6			5			8	1
	5							
			7				3	

318 Beware! Very Challenging

4							1	
		1			5		7	
				8	7			9
						2		4
			8		9		3	
3				2				
	7		9			6		
	4		7	5		1		
		3			4			5

1					4	5		
		9		2			1	
	7		9	5			4	
								6
		3		1			7	
2						8		
		8						
			7				9	
		7				3	5	1

320 Beware! Very Challenging

1								2
		4			1			
	2	6			4		9	
				9				
7				5				
			3			8		6
			6			9		
4		9					5	
		7	2				4	

4	3			2				
		9						8
	6		5			1		
	2		3	9		5		
	9	7		4		3	8	
5							7	
						4		6
3					2			

322   Beware! Very Challenging

		8	4			5		
6				1				
	1							
	2							
9	7					4		
		3	8		2		9	
	3				6			5
7							4	
		6	1	7			2	

		2	9				1	
	1			2				5
				6	3		9	
8							7	2
7			2				6	8
				1			3	
1		6						
		4		5				
	3	8		9				

						7		5
			6					2
4				1	3			9
	3	5			4			
			5		6		3	
8				2	7			
1	4						9	
		3			2	6		
	8							

2			9					4
			5			9		8
		3				5		6
								1
7				8				5
	3		2	4				
	4			2			6	
	7			8	9			
6				1				

							9	
	6				5	8		7
	5		3	8				
		4		9				
		3		2				4
	1			7	8			
			1	4			2	
3					2			
		9					8	

			1		2			
			4			6		
3						5	4	
		7				8	5	
			2	8	7			
					5		6	
		1						
8	6						3	2
			5	4			8	

Beware! Very Challenging

8		7					1	3
			9					
5					4			
	2	1				6		
6			4					
				8	1			
	4				7		9	
	3	5						8
							7	2

	7			3				
		9		1			5	4
5	6					1	9	
3		1						
				7				
8						9	2	
		2				8		
6						5		2
			4	9	6			

1			9			8	4	6
	5							
				6		5		9
7	4				8			
6				5				
			2				7	1
					7			
				9			1	4
	7				3	9		

2		8		7	9	5	1	
	3						2	
9				3				
				2	7	8	6	
				8				9
					1			
		2					9	1
	5	6	4					8
			8				5	

Beware! Very Challenging

								6
		7				9	1	
9					5	8		
3	8			2				
		6						5
6					4			
7								3
	4		2			5	9	
		2	8	9				4

	8		7		6			
4				5				
			9			2		
	2	4					1	
		7		8	1			6
		3						7
				6		3		4
				7				
				3	9		7	8

Beware! Very Challenging

9						5		
5					7		6	
	2			4				
					6		7	
		1			8	3	2	
8			4	3				
						4		1
		2					8	
6		4		9				

			3	6	8			2
7								
		9					1	
					2		6	5
						8		9
9			1	5				
5		1	4	8	3			
	4	7						
					6	2		

336 Beware! Very Challenging

					9	7	8	6
					1			
	2			8				
	3						7	8
6	8			1				
	4			2	5			
					4		3	
4	1							
		9		7			5	4

	1						4	2
					6			
4		9		8				
5					4			9
	7			2	5			
					9	7	1	
7		3				2		
	2						5	
6				9				8

338 Beware! Very Challenging

		4			6			
3		9				8		1
				8		9		
	6	2		5	1			
8				6		2		
					3			5
6						5		2
	7						9	
					8		4	

				5			1	8
2								
5		3		4	8		7	
		5						
		6		2		3		
	7				4			
3						2		5
							8	6
7		4		8				

				6	8	9	4	
			2					
	5			1				
		9		7				
2	1							7
	3			4		8	9	
		5			1			9
9		7		5		6		3

	8	2			7		1	
				2	1	9		
					6		7	
5		7				2	8	
6	9			1	5			
9					8			
	4			5				1
		3				8		

1	4			8				2
3								
						9		1
2		7			6			8
					7			
		5	8			2		
			6					
	3		9		5	6	4	
		6				5		

	7		6		8			
1		3		2				
5						7	1	
9		1		4				6
						4	2	
		9	2	3				
6			8					1
7			4			5		3

344 Beware! Very Challenging

				8	4			2
8		6					4	
							9	1
	2		8	9				
	3	1	2		7		6	
		5						
			4	3				5
		7			6	1		

5	2		1					
		8						
				6				4
		5	8		3	1		7
	7		9					
		3		2				
							8	5
	3		6	7			2	
4						3		

		5				7		
2		6		5	8			
					9		1	
			7			9		
3						6		
		8						2
		7	8				9	
	2			4				3
		3					2	1

			7		4			5
	4		1		3		8	
4					5			
2		5		8		6		
							7	
6				9			4	7
						2	3	
1		9	3					

348 Beware! Very Challenging

	9		6		8			
		2						5
								1
8					7			
9				3	2		6	
		3			9			7
		6	2			3		
	7				6		4	
4			1			2		

		4			7			2
			2			8		1
				3				
							1	
	3		1		8	7	9	
5		9				6		
4	7						3	
				6	9			
	5			7				8

Beware! Very Challenging

4		6		2				8
							2	
		3				4		
6				5	8	7	9	
		2						5
				6				4
9		7						
			9	3	1	2		
					7	1	8	

5							9	
	7		6		5			8
				9		1		4
		9		2				
8			7					9
		5	8				6	
4								
					4			5
				3			2	1

			4		3		6	5
	3				6			9
								2
			2	6			9	
	1	8			4			
				8			2	
	8	5				1		3
4			8					
7								

5		8	2					9
					9	4		1
4								
	3					1		8
	5					9	3	
6		7		5		3		
	3				2			
	4				1		2	

				3			2	
			1			9		
9			4	2				8
	3		2	7				
5								7
2	1				3	4		
7					8		1	6
		4	9		1			

9		3		8				
	5				1			6
	6		9				4	
								3
	9	5					6	
	4		7				2	
		4		1				2
5	3							8
		2	5			9		

356 Beware! Very Challenging

						6		1
2		6					5	
			8				7	
	9		7			2		
	4				9			3
					8			
			1			3		
7		8	6	4			1	
4			5					

			1					5
	7			8				
		2			3			
5		1	2	7		3		
	2							4
	3			9		6		
			6	5			2	
			8				4	
1	5					9		3

358 Beware! Very Challenging

7							6	5
	1		8			9		
			2					
					3	4		
		1			6		7	
	3			9			5	
							3	
9					1			8
6			7	5				9

2			8					
	7					6		9
4	3							
				1	2	7		
1		2			3		4	
					6			
		8			1	9		5
7	1				4			
		5						4

360   Beware! Very Challenging

		2			1			
4		8	6					5
			4				1	
				6			9	
	3	5		8			7	
	7						6	1
9		1			4			8
			3					
					5			

	7			6	9			
9	4				1			
							2	
1	5						3	
		8	6			1		7
						9		
7	1		2					8
		4		9	5	3		
				6			1	

362 Beware! Very Challenging

5		2						4
	3							
			2	7			3	
					7			
	8	7		5	3	9		
6	9				4			1
3								2
7	1			4			8	
				8			6	

5					6		1	
	3					7		
			9	8				
4	8		7			6		
6			2				5	
					1			
	6			5		4		7
			1					8
				7				2

	9					2		
		5						
		8						3
3	6			4	7	5		
					8	1		
2							4	
	1	9		7				
7			6		9			5
			3				2	

								5
					5		7	
	9			7		2		4
							8	
			3					
7		2	6	5		1		
5	1	7	9					
		4	7				2	
3					1	6		

ANSWERS

1

3	8	5	4	1	9	2	6	7
4	6	9	2	7	3	1	5	8
1	2	7	6	5	8	9	4	3
9	4	6	7	3	1	8	2	5
8	7	1	5	9	2	4	3	6
2	5	3	8	6	4	7	1	9
5	1	8	9	4	6	3	7	2
6	3	2	1	8	7	5	9	4
7	9	4	3	2	5	6	8	1

2

2	5	6	3	9	7	8	4	1
7	4	9	6	8	1	2	3	5
8	3	1	4	5	2	9	6	7
6	9	4	1	7	8	3	5	2
1	7	8	2	3	5	6	9	4
3	2	5	9	4	6	1	7	8
4	8	2	7	6	9	5	1	3
5	6	7	8	1	3	4	2	9
9	1	3	5	2	4	7	8	6

3

9	4	1	5	2	6	3	7	8
6	7	5	8	3	4	9	1	2
3	2	8	9	1	7	5	4	6
2	8	3	7	9	1	6	5	4
5	1	9	6	4	2	7	8	3
4	6	7	3	5	8	2	9	1
7	3	6	1	8	9	4	2	5
8	9	4	2	6	5	1	3	7
1	5	2	4	7	3	8	6	9

4

3	4	6	2	9	5	8	7	1
5	9	1	3	8	7	4	2	6
8	2	7	1	4	6	9	5	3
6	8	5	4	3	2	1	9	7
9	3	2	5	7	1	6	8	4
1	7	4	8	6	9	2	3	5
7	1	8	9	5	4	3	6	2
2	5	3	6	1	8	7	4	9
4	6	9	7	2	3	5	1	8

5

1	6	9	8	7	3	4	2	5
8	5	7	2	9	4	3	6	1
2	4	3	5	6	1	8	9	7
9	7	2	3	4	5	6	1	8
5	8	4	6	1	2	7	3	9
3	1	6	7	8	9	2	5	4
4	3	5	9	2	7	1	8	6
6	2	1	4	5	8	9	7	3
7	9	8	1	3	6	5	4	2

6

4	7	3	2	1	5	6	9	8
8	6	1	4	7	9	3	2	5
5	9	2	3	8	6	7	4	1
9	8	5	6	4	1	2	3	7
7	2	4	8	5	3	9	1	6
3	1	6	9	2	7	5	8	4
2	5	8	7	9	4	1	6	3
6	4	7	1	3	2	8	5	9
1	3	9	5	6	8	4	7	2

7

9	8	7	3	6	2	5	1	4
5	6	3	1	4	9	2	7	8
2	4	1	7	5	8	9	3	6
6	2	5	4	8	1	7	9	3
8	7	4	9	3	5	1	6	2
3	1	9	6	2	7	4	8	5
1	5	6	2	7	3	8	4	9
7	3	2	8	9	4	6	5	1
4	9	8	5	1	6	3	2	7

8

3	7	1	9	6	4	2	8	5
5	9	2	8	3	7	6	4	1
6	4	8	1	2	5	3	9	7
1	5	3	2	9	8	4	7	6
2	8	7	3	4	6	5	1	9
9	6	4	7	5	1	8	2	3
4	1	5	6	7	2	9	3	8
8	2	9	5	1	3	7	6	4
7	3	6	4	8	9	1	5	2

9

1	4	7	6	9	2	8	3	5
9	6	3	5	4	8	7	2	1
5	8	2	1	3	7	6	4	9
7	1	9	8	2	3	4	5	6
6	5	8	7	1	4	2	9	3
2	3	4	9	6	5	1	8	7
8	9	6	2	5	1	3	7	4
3	2	5	4	7	6	9	1	8
4	7	1	3	8	9	5	6	2

10

1	8	7	5	6	2	4	3	9
9	4	5	8	1	3	6	7	2
6	3	2	9	4	7	1	5	8
4	2	9	7	5	1	3	8	6
8	6	1	3	9	4	7	2	5
7	5	3	2	8	6	9	1	4
3	7	8	6	2	9	5	4	1
2	9	4	1	7	5	8	6	3
5	1	6	4	3	8	2	9	7

11

9	1	3	7	4	6	5	8	2
4	6	2	8	5	1	9	3	7
8	7	5	2	3	9	4	1	6
7	5	9	4	1	2	8	6	3
6	4	8	5	7	3	2	9	1
2	3	1	9	6	8	7	4	5
5	2	6	1	9	4	3	7	8
3	9	7	6	8	5	1	2	4
1	8	4	3	2	7	6	5	9

12

1	7	8	9	3	6	5	4	2
3	9	2	5	8	4	6	1	7
4	5	6	7	1	2	9	8	3
7	8	4	2	6	9	1	3	5
2	3	5	8	4	1	7	9	6
9	6	1	3	7	5	4	2	8
8	4	7	6	9	3	2	5	1
6	2	9	1	5	8	3	7	4
5	1	3	4	2	7	8	6	9

13

3	8	5	9	4	1	2	6	7
6	7	9	3	2	5	4	1	8
2	4	1	8	7	6	3	5	9
5	9	6	4	3	8	7	2	1
8	2	7	1	5	9	6	3	4
1	3	4	7	6	2	9	8	5
4	1	8	2	9	3	5	7	6
7	5	3	6	1	4	8	9	2
9	6	2	5	8	7	1	4	3

14

8	6	7	1	4	5	9	3	2
3	5	1	9	2	6	8	7	4
9	2	4	3	7	8	1	5	6
1	4	3	6	9	2	5	8	7
6	7	5	8	1	3	2	4	9
2	8	9	7	5	4	3	6	1
5	1	6	2	8	7	4	9	3
4	3	2	5	6	9	7	1	8
7	9	8	4	3	1	6	2	5

15

4	6	1	8	7	5	2	3	9
7	5	2	6	3	9	4	8	1
3	8	9	1	4	2	5	6	7
5	2	4	3	9	8	7	1	6
1	9	8	7	2	6	3	4	5
6	7	3	4	5	1	9	2	8
9	1	5	2	8	4	6	7	3
2	3	6	5	1	7	8	9	4
8	4	7	9	6	3	1	5	2

16

4	3	7	9	5	6	2	8	1
1	6	2	3	8	7	5	9	4
5	8	9	1	2	4	3	7	6
9	5	3	4	6	8	7	1	2
6	1	4	7	9	2	8	3	5
7	2	8	5	1	3	4	6	9
2	9	1	8	3	5	6	4	7
8	4	6	2	7	1	9	5	3
3	7	5	6	4	9	1	2	8

17

6	7	3	4	9	2	8	1	5
2	4	8	1	3	5	9	7	6
5	9	1	7	6	8	4	3	2
4	3	2	8	7	6	5	9	1
9	5	7	2	1	4	6	8	3
1	8	6	9	5	3	7	2	4
8	1	4	5	2	7	3	6	9
7	6	9	3	4	1	2	5	8
3	2	5	6	8	9	1	4	7

18

8	7	3	6	2	1	5	4	9
4	2	5	7	9	3	1	6	8
9	6	1	8	5	4	3	2	7
7	5	2	4	8	6	9	3	1
6	8	9	1	3	2	4	7	5
1	3	4	9	7	5	6	8	2
2	1	8	3	6	9	7	5	4
3	9	7	5	4	8	2	1	6
5	4	6	2	1	7	8	9	3

19

1	3	8	5	7	6	2	9	4
5	7	6	2	4	9	1	3	8
9	4	2	1	3	8	5	7	6
2	8	4	6	9	5	7	1	3
3	5	1	7	2	4	8	6	9
7	6	9	3	8	1	4	5	2
4	9	5	8	6	7	3	2	1
8	2	7	9	1	3	6	4	5
6	1	3	4	5	2	9	8	7

20

3	7	2	9	1	5	4	8	6
6	4	5	3	8	2	7	9	1
1	9	8	4	6	7	2	3	5
9	2	3	7	5	8	1	6	4
8	6	7	1	9	4	5	2	3
4	5	1	6	2	3	9	7	8
2	8	9	5	3	1	6	4	7
7	1	6	8	4	9	3	5	2
5	3	4	2	7	6	8	1	9

21

4	9	2	6	5	3	7	1	8
6	7	3	1	8	4	5	2	9
1	5	8	7	9	2	3	4	6
8	3	4	2	1	5	6	9	7
5	1	6	9	7	8	2	3	4
9	2	7	4	3	6	1	8	5
7	8	5	3	2	9	4	6	1
2	6	1	8	4	7	9	5	3
3	4	9	5	6	1	8	7	2

22

6	9	8	4	3	2	1	7	5
2	5	3	1	7	8	9	4	6
1	7	4	9	5	6	2	8	3
5	3	1	7	2	4	6	9	8
4	6	2	5	8	9	7	3	1
9	8	7	3	6	1	4	5	2
8	4	9	6	1	5	3	2	7
3	1	5	2	4	7	8	6	9
7	2	6	8	9	3	5	1	4

23

1	6	2	8	9	5	3	7	4
5	8	7	4	2	3	6	9	1
9	3	4	1	6	7	2	5	8
8	4	9	6	3	1	5	2	7
7	5	3	2	8	9	4	1	6
6	2	1	7	5	4	8	3	9
3	1	5	9	4	8	7	6	2
4	9	6	3	7	2	1	8	5
2	7	8	5	1	6	9	4	3

24

1	9	3	4	8	7	5	6	2
7	2	5	3	6	9	1	8	4
6	4	8	1	5	2	3	7	9
5	3	2	8	7	6	9	4	1
4	1	6	5	9	3	8	2	7
9	8	7	2	4	1	6	5	3
8	7	4	9	1	5	2	3	6
3	5	1	6	2	4	7	9	8
2	6	9	7	3	8	4	1	5

25

1	7	2	3	8	6	5	4	9
6	5	3	7	9	4	8	1	2
4	8	9	1	5	2	6	3	7
5	1	4	6	3	7	2	9	8
7	9	6	8	2	1	3	5	4
3	2	8	5	4	9	1	7	6
2	3	7	9	6	5	4	8	1
9	6	5	4	1	8	7	2	3
8	4	1	2	7	3	9	6	5

26

6	8	2	3	9	1	7	5	4
3	5	7	4	2	8	6	1	9
4	1	9	5	7	6	3	2	8
9	4	1	7	6	2	8	3	5
7	6	8	1	3	5	9	4	2
5	2	3	9	8	4	1	7	6
2	7	4	8	1	9	5	6	3
1	9	5	6	4	3	2	8	7
8	3	6	2	5	7	4	9	1

27

6	8	3	5	4	7	9	2	1
7	1	5	9	3	2	6	8	4
4	2	9	8	6	1	3	5	7
1	5	6	2	8	4	7	9	3
9	7	4	3	5	6	2	1	8
2	3	8	1	7	9	4	6	5
3	9	2	7	1	8	5	4	6
8	4	7	6	9	5	1	3	2
5	6	1	4	2	3	8	7	9

28

3	1	2	7	9	8	4	6	5
4	8	6	1	3	5	9	2	7
5	7	9	2	4	6	8	1	3
7	5	4	9	2	1	3	8	6
6	9	8	3	5	7	2	4	1
1	2	3	6	8	4	5	7	9
9	3	7	4	1	2	6	5	8
8	4	1	5	6	9	7	3	2
2	6	5	8	7	3	1	9	4

29

7	9	8	2	3	4	1	6	5
5	1	4	7	8	6	3	9	2
6	2	3	5	9	1	8	7	4
4	8	9	1	6	2	7	5	3
1	5	2	3	7	8	6	4	9
3	7	6	4	5	9	2	8	1
2	6	1	8	4	5	9	3	7
8	4	7	9	1	3	5	2	6
9	3	5	6	2	7	4	1	8

30

7	9	2	4	8	5	1	6	3
4	3	1	7	2	6	9	5	8
5	6	8	3	9	1	7	2	4
1	5	3	8	4	2	6	7	9
2	8	9	6	1	7	4	3	5
6	4	7	5	3	9	2	8	1
8	2	5	1	7	4	3	9	6
9	1	6	2	5	3	8	4	7
3	7	4	9	6	8	5	1	2

31

2	4	8	7	5	9	1	6	3
5	6	1	2	3	8	4	7	9
7	3	9	4	1	6	2	5	8
3	9	2	6	8	7	5	4	1
6	1	5	9	4	3	8	2	7
8	7	4	1	2	5	9	3	6
9	5	6	8	7	2	3	1	4
1	2	7	3	9	4	6	8	5
4	8	3	5	6	1	7	9	2

32

9	3	5	6	8	4	2	1	7
1	6	2	5	9	7	3	4	8
7	8	4	1	2	3	5	6	9
4	9	1	8	7	5	6	2	3
3	5	6	2	4	9	8	7	1
2	7	8	3	1	6	4	9	5
6	1	3	9	5	2	7	8	4
8	2	7	4	3	1	9	5	6
5	4	9	7	6	8	1	3	2

33

8	1	4	3	6	9	5	2	7
6	7	3	4	5	2	8	1	9
2	9	5	8	7	1	6	4	3
9	2	7	5	8	4	3	6	1
5	8	1	9	3	6	2	7	4
4	3	6	2	1	7	9	5	8
3	6	8	7	4	5	1	9	2
7	5	9	1	2	8	4	3	6
1	4	2	6	9	3	7	8	5

34

8	9	3	4	2	6	7	1	5
2	5	6	7	3	1	9	8	4
1	4	7	9	5	8	3	6	2
9	3	4	2	6	7	1	5	8
7	2	8	5	1	3	4	9	6
6	1	5	8	9	4	2	3	7
5	7	1	6	4	9	8	2	3
3	8	2	1	7	5	6	4	9
4	6	9	3	8	2	5	7	1

35

5	9	7	2	4	8	6	1	3
8	2	6	1	3	9	7	5	4
3	4	1	5	7	6	8	9	2
2	5	8	4	9	7	3	6	1
7	3	4	6	2	1	5	8	9
6	1	9	8	5	3	4	2	7
4	6	5	7	1	2	9	3	8
9	8	2	3	6	4	1	7	5
1	7	3	9	8	5	2	4	6

36

3	8	1	9	5	4	6	7	2
4	7	5	2	3	6	1	8	9
6	2	9	8	1	7	5	3	4
8	1	3	6	2	9	4	5	7
9	6	4	5	7	8	3	2	1
7	5	2	3	4	1	8	9	6
5	4	7	1	8	2	9	6	3
1	9	8	7	6	3	2	4	5
2	3	6	4	9	5	7	1	8

37

6	4	2	8	1	9	3	7	5
8	7	1	2	3	5	9	4	6
5	9	3	4	7	6	1	2	8
3	6	9	1	8	7	2	5	4
4	5	7	9	2	3	6	8	1
2	1	8	6	5	4	7	3	9
1	2	4	7	9	8	5	6	3
9	8	5	3	6	2	4	1	7
7	3	6	5	4	1	8	9	2

38

3	6	2	1	8	5	4	9	7
8	7	9	6	4	2	1	3	5
1	5	4	7	9	3	6	8	2
6	9	1	2	5	7	8	4	3
4	2	5	3	6	8	7	1	9
7	3	8	4	1	9	2	5	6
2	8	6	5	3	1	9	7	4
5	1	7	9	2	4	3	6	8
9	4	3	8	7	6	5	2	1

39

1	6	2	5	3	8	7	9	4
7	4	5	9	1	6	8	2	3
3	9	8	4	2	7	5	6	1
9	5	3	6	7	4	1	8	2
6	1	7	3	8	2	9	4	5
2	8	4	1	5	9	6	3	7
4	7	6	2	9	5	3	1	8
5	3	9	8	4	1	2	7	6
8	2	1	7	6	3	4	5	9

40

4	2	6	1	3	8	7	9	5
3	7	1	9	5	2	4	8	6
8	9	5	7	6	4	1	3	2
7	3	8	6	1	9	5	2	4
5	4	9	2	8	7	6	1	3
1	6	2	5	4	3	9	7	8
6	1	7	8	2	5	3	4	9
2	5	3	4	9	1	8	6	7
9	8	4	3	7	6	2	5	1

41

3	6	8	4	7	2	5	1	9
1	4	2	9	6	5	8	7	3
7	9	5	1	3	8	6	4	2
8	1	4	2	9	3	7	6	5
5	2	9	7	4	6	3	8	1
6	3	7	5	8	1	2	9	4
4	8	1	3	2	7	9	5	6
2	5	6	8	1	9	4	3	7
9	7	3	6	5	4	1	2	8

42

9	5	4	3	8	6	2	7	1
1	3	2	9	5	7	8	6	4
6	7	8	2	4	1	3	5	9
5	2	6	8	9	4	1	3	7
3	9	7	1	2	5	6	4	8
8	4	1	7	6	3	5	9	2
7	6	9	5	1	8	4	2	3
4	8	3	6	7	2	9	1	5
2	1	5	4	3	9	7	8	6

43

8	6	7	3	4	2	9	5	1
4	2	1	6	9	5	8	7	3
5	3	9	7	8	1	4	6	2
3	4	2	5	1	6	7	8	9
1	8	5	9	7	3	2	4	6
7	9	6	8	2	4	3	1	5
2	7	8	1	6	9	5	3	4
6	5	4	2	3	8	1	9	7
9	1	3	4	5	7	6	2	8

44

2	4	3	6	8	1	7	5	9
8	6	9	2	5	7	3	1	4
7	1	5	3	4	9	8	2	6
9	5	8	4	1	2	6	7	3
4	3	2	9	7	6	5	8	1
1	7	6	8	3	5	9	4	2
5	2	7	1	6	3	4	9	8
6	8	1	7	9	4	2	3	5
3	9	4	5	2	8	1	6	7

45

3	9	4	5	1	8	7	6	2
7	5	2	3	6	4	9	8	1
6	8	1	7	9	2	5	3	4
4	2	5	8	7	6	3	1	9
9	6	3	2	4	1	8	5	7
8	1	7	9	5	3	4	2	6
2	4	9	1	3	5	6	7	8
5	7	8	6	2	9	1	4	3
1	3	6	4	8	7	2	9	5

46

5	6	2	4	8	9	1	3	7
3	8	1	7	5	2	9	6	4
7	4	9	1	3	6	8	2	5
4	7	3	5	9	1	6	8	2
9	5	8	2	6	3	4	7	1
1	2	6	8	7	4	3	5	9
6	1	7	9	2	8	5	4	3
8	9	5	3	4	7	2	1	6
2	3	4	6	1	5	7	9	8

47

6	9	8	4	3	5	2	7	1
1	2	3	8	7	6	5	9	4
5	4	7	1	2	9	8	3	6
3	1	5	9	4	8	7	6	2
4	6	9	2	1	7	3	8	5
8	7	2	6	5	3	1	4	9
2	8	1	3	6	4	9	5	7
7	3	6	5	9	2	4	1	8
9	5	4	7	8	1	6	2	3

48

9	4	1	6	5	3	2	7	8
6	2	3	8	9	7	4	1	5
8	7	5	4	2	1	6	9	3
4	5	6	1	7	8	3	2	9
1	9	8	2	3	5	7	4	6
7	3	2	9	4	6	5	8	1
5	8	4	3	1	2	9	6	7
3	6	9	7	8	4	1	5	2
2	1	7	5	6	9	8	3	4

49

7	5	4	6	2	9	1	8	3
9	8	1	7	5	3	2	6	4
6	3	2	1	4	8	9	7	5
8	1	5	3	9	7	6	4	2
4	6	9	2	1	5	7	3	8
3	2	7	8	6	4	5	9	1
1	9	6	4	8	2	3	5	7
2	4	3	5	7	6	8	1	9
5	7	8	9	3	1	4	2	6

50

5	6	3	7	8	2	9	4	1
8	9	1	3	4	6	5	2	7
2	7	4	1	5	9	8	6	3
4	5	7	6	9	8	1	3	2
1	8	2	4	3	5	6	7	9
9	3	6	2	1	7	4	5	8
3	1	9	5	7	4	2	8	6
6	4	8	9	2	3	7	1	5
7	2	5	8	6	1	3	9	4

51

1	4	6	2	5	3	7	9	8
7	3	8	9	1	6	5	4	2
2	9	5	4	8	7	1	6	3
3	7	4	6	2	1	9	8	5
5	2	9	8	7	4	6	3	1
6	8	1	5	3	9	2	7	4
8	6	3	1	9	2	4	5	7
4	5	2	7	6	8	3	1	9
9	1	7	3	4	5	8	2	6

52

9	6	2	1	4	3	8	7	5
3	4	8	7	5	6	9	2	1
5	7	1	8	2	9	6	4	3
6	1	3	2	9	7	4	5	8
2	5	9	4	6	8	3	1	7
7	8	4	5	3	1	2	9	6
1	3	5	9	8	2	7	6	4
8	9	7	6	1	4	5	3	2
4	2	6	3	7	5	1	8	9

53

3	6	5	9	1	2	8	7	4
4	2	8	7	3	5	6	9	1
7	1	9	6	4	8	3	2	5
1	7	2	8	9	6	5	4	3
5	9	4	3	7	1	2	6	8
8	3	6	2	5	4	9	1	7
2	5	7	1	8	9	4	3	6
6	4	3	5	2	7	1	8	9
9	8	1	4	6	3	7	5	2

54

7	1	8	5	2	9	3	4	6
4	9	2	1	6	3	8	5	7
3	5	6	4	8	7	1	9	2
5	4	1	8	3	6	2	7	9
8	2	9	7	5	4	6	1	3
6	3	7	2	9	1	4	8	5
2	8	4	3	7	5	9	6	1
9	7	3	6	1	8	5	2	4
1	6	5	9	4	2	7	3	8

55

9	5	8	7	6	3	4	2	1
2	7	4	9	8	1	3	6	5
3	6	1	5	4	2	9	8	7
7	8	6	3	5	4	2	1	9
1	4	9	8	2	6	7	5	3
5	3	2	1	7	9	8	4	6
6	9	5	4	3	8	1	7	2
8	2	3	6	1	7	5	9	4
4	1	7	2	9	5	6	3	8

56

8	6	1	7	4	9	3	5	2
2	7	4	1	3	5	9	8	6
5	3	9	8	2	6	1	7	4
1	8	3	9	7	4	6	2	5
9	4	2	6	5	8	7	1	3
6	5	7	3	1	2	4	9	8
3	1	8	2	6	7	5	4	9
4	9	6	5	8	1	2	3	7
7	2	5	4	9	3	8	6	1

57

1	8	6	9	4	2	7	3	5
5	2	9	3	7	1	6	4	8
4	7	3	6	8	5	9	1	2
8	9	1	4	3	6	2	5	7
2	4	7	5	1	8	3	6	9
6	3	5	2	9	7	4	8	1
7	5	2	8	6	3	1	9	4
9	6	8	1	2	4	5	7	3
3	1	4	7	5	9	8	2	6

58

4	1	3	6	2	5	9	8	7
6	2	8	3	9	7	1	4	5
9	7	5	8	4	1	3	2	6
1	9	4	5	8	3	7	6	2
7	8	2	1	6	4	5	9	3
5	3	6	9	7	2	8	1	4
8	4	7	2	3	9	6	5	1
2	5	9	7	1	6	4	3	8
3	6	1	4	5	8	2	7	9

59

6	5	3	9	2	4	7	8	1
9	8	2	7	1	6	5	3	4
1	4	7	5	3	8	6	2	9
7	6	4	3	8	5	1	9	2
5	3	1	4	9	2	8	6	7
2	9	8	6	7	1	3	4	5
3	1	6	2	4	7	9	5	8
8	2	9	1	5	3	4	7	6
4	7	5	8	6	9	2	1	3

60

7	6	9	3	8	5	4	2	1
5	2	1	4	9	7	6	8	3
3	4	8	1	6	2	7	9	5
4	7	3	9	5	6	8	1	2
9	8	5	2	1	4	3	7	6
6	1	2	7	3	8	5	4	9
2	3	6	8	7	9	1	5	4
1	9	7	5	4	3	2	6	8
8	5	4	6	2	1	9	3	7

61

8	4	1	9	3	5	2	6	7
2	7	5	8	6	4	9	1	3
9	6	3	2	1	7	8	5	4
3	2	6	1	9	8	4	7	5
4	9	7	6	5	2	3	8	1
1	5	8	7	4	3	6	9	2
7	1	2	4	8	6	5	3	9
6	3	4	5	7	9	1	2	8
5	8	9	3	2	1	7	4	6

62

8	1	2	6	4	3	5	9	7
7	3	6	5	8	9	2	4	1
5	4	9	1	2	7	8	3	6
4	8	7	2	9	5	1	6	3
9	2	3	7	1	6	4	5	8
1	6	5	4	3	8	7	2	9
6	5	4	3	7	1	9	8	2
3	9	1	8	5	2	6	7	4
2	7	8	9	6	4	3	1	5

63

7	4	8	5	2	1	9	6	3
2	6	9	7	3	4	5	1	8
1	5	3	6	8	9	7	4	2
9	8	4	2	1	7	6	3	5
3	1	2	8	6	5	4	9	7
6	7	5	9	4	3	2	8	1
8	9	6	3	7	2	1	5	4
5	2	1	4	9	8	3	7	6
4	3	7	1	5	6	8	2	9

64

5	2	1	9	6	7	8	3	4
7	3	4	1	2	8	5	9	6
9	6	8	4	5	3	1	7	2
1	5	6	8	7	4	9	2	3
3	9	7	2	1	6	4	8	5
4	8	2	5	3	9	7	6	1
6	1	5	7	9	2	3	4	8
2	4	9	3	8	5	6	1	7
8	7	3	6	4	1	2	5	9

65

7	1	6	8	3	2	5	4	9
2	5	8	4	9	6	7	1	3
3	9	4	5	7	1	6	8	2
4	6	5	2	8	9	3	7	1
8	7	9	3	1	5	2	6	4
1	2	3	6	4	7	9	5	8
9	3	7	1	5	8	4	2	6
6	4	1	7	2	3	8	9	5
5	8	2	9	6	4	1	3	7

66

9	7	2	1	6	4	3	5	8
4	5	6	3	8	9	1	2	7
8	1	3	7	5	2	6	9	4
2	8	4	6	1	7	9	3	5
1	9	7	5	4	3	2	8	6
6	3	5	9	2	8	4	7	1
5	4	8	2	9	6	7	1	3
7	2	1	4	3	5	8	6	9
3	6	9	8	7	1	5	4	2

67

5	2	1	4	9	7	6	8	3
4	9	3	6	8	2	5	1	7
7	6	8	3	1	5	2	9	4
2	7	9	5	6	1	4	3	8
8	1	4	2	7	3	9	6	5
3	5	6	9	4	8	7	2	1
6	4	7	8	3	9	1	5	2
1	3	2	7	5	6	8	4	9
9	8	5	1	2	4	3	7	6

68

9	5	6	4	8	1	3	7	2
8	3	7	5	6	2	1	9	4
4	1	2	7	9	3	5	8	6
7	6	4	1	3	5	8	2	9
5	8	3	9	2	6	7	4	1
1	2	9	8	7	4	6	5	3
2	9	1	3	5	8	4	6	7
3	7	5	6	4	9	2	1	8
6	4	8	2	1	7	9	3	5

69

3	1	8	4	7	2	9	6	5
4	5	7	6	9	8	1	2	3
2	6	9	3	5	1	7	4	8
8	7	5	2	3	6	4	9	1
6	9	4	8	1	7	5	3	2
1	2	3	5	4	9	6	8	7
7	4	1	9	2	3	8	5	6
5	3	6	1	8	4	2	7	9
9	8	2	7	6	5	3	1	4

70

8	6	5	9	1	4	7	2	3
4	7	9	2	3	6	5	8	1
3	2	1	5	8	7	6	4	9
7	5	2	6	9	1	8	3	4
1	8	4	3	7	2	9	5	6
9	3	6	4	5	8	2	1	7
2	1	8	7	6	3	4	9	5
5	4	7	1	2	9	3	6	8
6	9	3	8	4	5	1	7	2

71

4	7	2	5	3	9	1	6	8
3	6	8	1	7	4	9	5	2
9	5	1	2	8	6	4	3	7
7	2	4	3	5	1	6	8	9
1	8	5	9	6	2	7	4	3
6	3	9	8	4	7	5	2	1
5	1	3	4	9	8	2	7	6
8	9	7	6	2	5	3	1	4
2	4	6	7	1	3	8	9	5

72

8	6	4	2	5	7	9	3	1
1	9	5	3	4	8	2	6	7
3	7	2	9	1	6	5	4	8
4	3	7	6	9	1	8	2	5
2	1	6	4	8	5	7	9	3
5	8	9	7	2	3	6	1	4
9	5	8	1	6	4	3	7	2
7	2	1	8	3	9	4	5	6
6	4	3	5	7	2	1	8	9

73

8	5	1	7	9	6	3	2	4
6	4	2	3	1	8	5	9	7
3	9	7	5	2	4	6	8	1
7	2	4	6	8	9	1	3	5
1	3	8	4	5	7	2	6	9
9	6	5	1	3	2	7	4	8
4	1	6	9	7	3	8	5	2
5	8	9	2	6	1	4	7	3
2	7	3	8	4	5	9	1	6

74

2	7	5	4	1	6	8	3	9
9	3	4	8	2	7	6	5	1
6	8	1	9	5	3	7	4	2
7	4	2	6	8	1	3	9	5
8	5	3	7	4	9	1	2	6
1	6	9	2	3	5	4	8	7
4	9	8	1	7	2	5	6	3
3	1	6	5	9	4	2	7	8
5	2	7	3	6	8	9	1	4

75

6	8	2	3	9	1	7	5	4
3	5	7	4	2	8	6	1	9
4	1	9	5	7	6	3	2	8
9	4	1	7	6	2	8	3	5
7	6	8	1	3	5	9	4	2
5	2	3	9	8	4	1	7	6
2	7	4	8	1	9	5	6	3
1	9	5	6	4	3	2	8	7
8	3	6	2	5	7	4	9	1

76

5	2	1	4	9	7	8	6	3
6	4	7	1	8	3	2	9	5
3	9	8	2	6	5	7	4	1
1	5	4	6	3	2	9	8	7
7	3	9	5	4	8	1	2	6
2	8	6	7	1	9	3	5	4
8	7	5	3	2	6	4	1	9
4	6	2	9	7	1	5	3	8
9	1	3	8	5	4	6	7	2

77

1	4	2	7	9	8	3	6	5
3	9	8	4	6	5	1	7	2
6	5	7	1	2	3	8	4	9
7	8	9	5	4	6	2	1	3
4	3	6	2	8	1	9	5	7
5	2	1	3	7	9	6	8	4
8	1	4	9	5	2	7	3	6
2	6	5	8	3	7	4	9	1
9	7	3	6	1	4	5	2	8

78

5	1	8	9	3	2	6	7	4
7	6	3	1	4	5	9	2	8
9	4	2	8	6	7	5	1	3
3	9	5	2	7	1	4	8	6
8	7	4	6	5	9	1	3	2
6	2	1	4	8	3	7	5	9
1	3	9	7	2	4	8	6	5
2	8	7	5	9	6	3	4	1
4	5	6	3	1	8	2	9	7

79

3	2	8	6	4	1	7	5	9
6	1	4	9	5	7	3	8	2
7	9	5	2	3	8	4	1	6
2	3	7	5	8	6	1	9	4
9	4	6	7	1	3	8	2	5
5	8	1	4	9	2	6	3	7
8	7	9	1	2	4	5	6	3
1	6	2	3	7	5	9	4	8
4	5	3	8	6	9	2	7	1

80

5	4	2	1	9	8	3	7	6
3	9	7	5	6	4	2	8	1
1	6	8	3	2	7	4	5	9
2	5	4	9	3	6	8	1	7
7	3	9	4	8	1	6	2	5
8	1	6	7	5	2	9	3	4
6	7	3	2	4	5	1	9	8
4	2	1	8	7	9	5	6	3
9	8	5	6	1	3	7	4	2

81

1	5	3	4	8	9	2	6	7
4	2	9	5	7	6	3	1	8
6	8	7	3	1	2	9	4	5
9	3	8	6	2	7	1	5	4
2	6	4	9	5	1	7	8	3
7	1	5	8	3	4	6	2	9
3	4	2	7	6	8	5	9	1
8	7	6	1	9	5	4	3	2
5	9	1	2	4	3	8	7	6

82

4	6	3	9	1	5	2	7	8
1	7	8	2	4	6	3	9	5
2	5	9	8	7	3	4	1	6
6	2	7	3	8	1	9	5	4
3	8	5	6	9	4	7	2	1
9	4	1	5	2	7	6	8	3
7	1	2	4	6	8	5	3	9
5	9	4	1	3	2	8	6	7
8	3	6	7	5	9	1	4	2

83

9	1	3	4	8	2	5	6	7
8	5	7	6	1	3	9	4	2
4	6	2	7	5	9	8	1	3
7	4	6	8	3	1	2	9	5
1	9	8	2	7	5	6	3	4
3	2	5	9	6	4	1	7	8
6	7	4	5	9	8	3	2	1
2	8	1	3	4	6	7	5	9
5	3	9	1	2	7	4	8	6

84

4	8	9	2	6	1	3	5	7
1	6	3	9	7	5	4	8	2
2	7	5	4	3	8	6	1	9
5	2	8	3	1	4	9	7	6
3	1	6	5	9	7	2	4	8
7	9	4	8	2	6	5	3	1
6	5	7	1	4	9	8	2	3
8	3	1	6	5	2	7	9	4
9	4	2	7	8	3	1	6	5

85

8	4	9	1	7	2	3	5	6
1	2	3	6	5	4	8	7	9
7	6	5	9	8	3	2	1	4
5	9	4	2	1	6	7	3	8
2	3	1	7	4	8	9	6	5
6	8	7	5	3	9	4	2	1
4	7	2	8	6	5	1	9	3
3	1	6	4	9	7	5	8	2
9	5	8	3	2	1	6	4	7

86

1	3	7	8	9	6	4	5	2
2	8	5	3	4	1	9	7	6
4	9	6	7	5	2	8	1	3
6	1	9	4	2	5	7	3	8
3	5	2	1	8	7	6	4	9
7	4	8	6	3	9	5	2	1
8	7	4	9	1	3	2	6	5
9	2	1	5	6	4	3	8	7
5	6	3	2	7	8	1	9	4

87

9	4	8	3	7	6	2	5	1
5	2	7	4	9	1	6	3	8
3	6	1	8	5	2	9	4	7
7	1	6	5	3	9	8	2	4
8	9	4	2	6	7	3	1	5
2	5	3	1	4	8	7	6	9
1	3	2	7	8	5	4	9	6
6	8	5	9	2	4	1	7	3
4	7	9	6	1	3	5	8	2

88

4	5	8	6	3	1	7	2	9
9	2	1	7	8	5	6	3	4
7	3	6	9	4	2	5	8	1
8	4	9	2	5	6	3	1	7
5	1	3	4	9	7	8	6	2
6	7	2	8	1	3	9	4	5
1	9	7	3	6	4	2	5	8
2	6	5	1	7	8	4	9	3
3	8	4	5	2	9	1	7	6

89

4	3	1	2	6	9	7	8	5
8	6	5	7	1	4	9	2	3
7	2	9	8	5	3	6	4	1
2	4	8	9	3	6	5	1	7
1	5	3	4	8	7	2	6	9
6	9	7	1	2	5	8	3	4
5	1	6	3	9	8	4	7	2
3	8	4	5	7	2	1	9	6
9	7	2	6	4	1	3	5	8

90

2	7	8	9	4	1	6	5	3
6	1	4	2	5	3	8	7	9
9	3	5	6	7	8	2	4	1
8	4	1	5	3	9	7	6	2
5	9	7	4	6	2	3	1	8
3	2	6	8	1	7	5	9	4
7	6	2	1	8	4	9	3	5
4	8	3	7	9	5	1	2	6
1	5	9	3	2	6	4	8	7

91

3	2	4	9	5	8	1	7	6
6	7	5	1	4	3	9	2	8
1	9	8	2	7	6	4	5	3
2	5	1	8	3	7	6	9	4
8	6	7	4	1	9	5	3	2
4	3	9	5	6	2	7	8	1
9	8	6	7	2	1	3	4	5
7	4	3	6	8	5	2	1	9
5	1	2	3	9	4	8	6	7

92

2	8	7	3	6	1	4	9	5
3	4	1	8	5	9	7	6	2
5	9	6	4	7	2	8	1	3
9	6	5	7	2	4	1	3	8
1	7	2	9	3	8	5	4	6
8	3	4	5	1	6	2	7	9
6	2	9	1	8	7	3	5	4
4	1	3	2	9	5	6	8	7
7	5	8	6	4	3	9	2	1

93

3	9	6	5	1	2	7	8	4
2	4	1	7	6	8	9	5	3
7	8	5	3	4	9	2	6	1
9	2	8	4	7	6	3	1	5
6	5	7	1	2	3	4	9	8
1	3	4	9	8	5	6	7	2
4	6	2	8	5	7	1	3	9
5	7	3	2	9	1	8	4	6
8	1	9	6	3	4	5	2	7

94

3	2	8	6	1	4	5	9	7
7	1	6	9	5	2	8	4	3
5	4	9	3	8	7	2	6	1
1	6	5	4	9	8	7	3	2
4	9	2	7	3	1	6	8	5
8	7	3	2	6	5	9	1	4
6	3	4	5	2	9	1	7	8
2	8	7	1	4	6	3	5	9
9	5	1	8	7	3	4	2	6

95

7	5	2	3	4	6	8	9	1
1	3	4	9	8	7	2	5	6
8	9	6	2	5	1	4	3	7
4	2	9	6	1	8	3	7	5
3	6	8	7	2	5	9	1	4
5	7	1	4	9	3	6	8	2
6	1	7	8	3	2	5	4	9
9	8	5	1	6	4	7	2	3
2	4	3	5	7	9	1	6	8

96

9	3	1	2	6	8	4	5	7
6	8	2	5	4	7	1	3	9
7	5	4	9	1	3	2	8	6
5	6	8	3	9	4	7	1	2
2	4	7	1	8	5	9	6	3
1	9	3	6	7	2	8	4	5
3	1	5	4	2	9	6	7	8
4	7	9	8	5	6	3	2	1
8	2	6	7	3	1	5	9	4

97

6	4	1	3	9	8	7	5	2
5	8	3	7	6	2	4	9	1
9	2	7	5	4	1	6	3	8
7	5	8	6	3	4	1	2	9
4	3	2	1	5	9	8	7	6
1	9	6	2	8	7	3	4	5
2	6	4	9	1	3	5	8	7
8	1	9	4	7	5	2	6	3
3	7	5	8	2	6	9	1	4

98

3	8	1	7	6	2	9	5	4
4	9	6	8	1	5	2	7	3
7	5	2	9	4	3	8	6	1
5	4	9	1	2	8	7	3	6
6	7	8	3	9	4	5	1	2
1	2	3	6	5	7	4	9	8
9	1	7	2	8	6	3	4	5
2	6	4	5	3	9	1	8	7
8	3	5	4	7	1	6	2	9

99

6	8	2	3	9	1	7	5	4
3	5	7	4	2	8	6	1	9
4	1	9	5	7	6	3	2	8
9	4	1	7	6	2	8	3	5
7	6	8	1	3	5	9	4	2
5	2	3	9	8	4	1	7	6
2	7	4	8	1	9	5	6	3
1	9	5	6	4	3	2	8	7
8	3	6	2	5	7	4	9	1

100

4	8	2	5	3	7	1	9	6
7	3	5	1	6	9	2	4	8
1	6	9	4	8	2	5	7	3
5	9	3	2	7	8	4	6	1
2	4	8	6	9	1	7	3	5
6	7	1	3	4	5	9	8	2
8	5	4	9	2	6	3	1	7
9	2	6	7	1	3	8	5	4
3	1	7	8	5	4	6	2	9

101

8	3	6	7	1	2	4	5	9
2	5	1	9	6	4	8	3	7
9	7	4	8	3	5	1	2	6
5	6	8	3	2	1	7	9	4
1	2	9	4	7	8	5	6	3
7	4	3	5	9	6	2	8	1
4	9	5	1	8	3	6	7	2
3	1	2	6	5	7	9	4	8
6	8	7	2	4	9	3	1	5

102

1	5	6	7	8	4	2	3	9
8	3	4	9	2	5	1	7	6
9	2	7	3	6	1	8	4	5
6	1	5	4	3	8	9	2	7
3	9	2	1	7	6	5	8	4
4	7	8	2	5	9	3	6	1
7	4	3	5	9	2	6	1	8
2	8	9	6	1	7	4	5	3
5	6	1	8	4	3	7	9	2

103

9	3	4	2	7	6	5	1	8
7	2	5	4	1	8	6	9	3
8	1	6	3	5	9	4	2	7
1	9	8	6	4	5	7	3	2
3	5	7	9	8	2	1	6	4
4	6	2	7	3	1	8	5	9
2	8	9	5	6	4	3	7	1
5	7	1	8	2	3	9	4	6
6	4	3	1	9	7	2	8	5

104

4	9	3	8	7	5	6	2	1
7	6	2	3	1	9	5	8	4
5	1	8	6	4	2	3	7	9
2	5	6	9	3	8	1	4	7
9	3	4	7	6	1	2	5	8
1	8	7	5	2	4	9	6	3
8	2	5	1	9	7	4	3	6
6	4	1	2	8	3	7	9	5
3	7	9	4	5	6	8	1	2

105

3	7	5	9	2	6	4	8	1
2	8	6	7	4	1	3	9	5
9	4	1	3	5	8	6	2	7
1	2	7	8	6	4	9	5	3
5	3	8	2	9	7	1	6	4
4	6	9	1	3	5	8	7	2
7	9	2	6	1	3	5	4	8
6	5	3	4	8	2	7	1	9
8	1	4	5	7	9	2	3	6

106

6	2	4	9	3	1	5	8	7
5	9	1	8	7	4	2	6	3
3	8	7	5	2	6	4	1	9
8	6	2	1	4	7	3	9	5
7	1	5	2	9	3	8	4	6
4	3	9	6	8	5	7	2	1
1	4	8	7	5	9	6	3	2
9	7	3	4	6	2	1	5	8
2	5	6	3	1	8	9	7	4

107

4	6	2	3	9	5	7	8	1
7	3	5	1	2	8	4	6	9
1	9	8	6	4	7	2	5	3
3	5	7	8	6	1	9	4	2
9	8	1	2	7	4	5	3	6
2	4	6	9	5	3	1	7	8
8	2	4	7	1	6	3	9	5
5	1	3	4	8	9	6	2	7
6	7	9	5	3	2	8	1	4

108

8	5	6	1	9	7	3	2	4
1	7	2	5	3	4	9	6	8
3	4	9	6	8	2	1	5	7
4	6	8	7	5	1	2	9	3
2	9	7	8	6	3	5	4	1
5	1	3	4	2	9	8	7	6
9	8	1	2	4	6	7	3	5
6	3	5	9	7	8	4	1	2
7	2	4	3	1	5	6	8	9

109

3	5	2	7	9	4	8	6	1
8	1	7	3	6	5	2	4	9
9	4	6	1	2	8	7	3	5
1	7	9	5	4	3	6	2	8
5	8	3	2	1	6	9	7	4
2	6	4	9	8	7	5	1	3
6	3	5	8	7	1	4	9	2
7	9	1	4	5	2	3	8	6
4	2	8	6	3	9	1	5	7

110

6	1	3	8	9	4	5	7	2
8	7	9	5	2	3	4	6	1
5	4	2	6	7	1	9	3	8
3	2	5	7	4	9	1	8	6
7	6	4	1	3	8	2	5	9
9	8	1	2	5	6	3	4	7
4	9	8	3	1	7	6	2	5
2	3	7	9	6	5	8	1	4
1	5	6	4	8	2	7	9	3

111

9	7	2	3	6	4	5	1	8
4	8	6	1	5	7	9	2	3
1	3	5	8	2	9	4	6	7
3	2	4	7	8	5	1	9	6
6	5	7	4	9	1	3	8	2
8	1	9	6	3	2	7	4	5
2	4	3	9	7	6	8	5	1
7	6	1	5	4	8	2	3	9
5	9	8	2	1	3	6	7	4

112

2	9	7	3	6	8	1	5	4
5	6	8	4	1	2	7	3	9
1	4	3	5	7	9	6	8	2
9	2	6	7	4	5	3	1	8
8	7	5	2	3	1	9	4	6
4	3	1	8	9	6	2	7	5
7	5	4	9	2	3	8	6	1
6	8	9	1	5	7	4	2	3
3	1	2	6	8	4	5	9	7

113

1	2	3	8	6	9	7	4	5
4	8	5	1	2	7	9	6	3
6	7	9	4	3	5	8	1	2
7	5	2	9	1	4	6	3	8
9	1	4	6	8	3	2	5	7
8	3	6	7	5	2	1	9	4
2	9	7	5	4	6	3	8	1
5	6	1	3	7	8	4	2	9
3	4	8	2	9	1	5	7	6

114

1	5	3	2	6	4	8	7	9
4	7	8	9	1	3	2	5	6
9	2	6	5	7	8	4	3	1
3	6	4	8	9	5	7	1	2
2	9	7	6	4	1	3	8	5
5	8	1	3	2	7	6	9	4
8	4	5	1	3	6	9	2	7
7	3	2	4	5	9	1	6	8
6	1	9	7	8	2	5	4	3

115

9	2	6	1	8	3	5	7	4
5	3	1	7	2	4	9	6	8
8	7	4	5	6	9	3	1	2
2	6	8	9	3	5	1	4	7
7	4	5	8	1	6	2	9	3
3	1	9	4	7	2	6	8	5
4	9	7	3	5	1	8	2	6
6	8	3	2	9	7	4	5	1
1	5	2	6	4	8	7	3	9

116

7	3	1	8	9	2	5	6	4
2	9	4	6	5	7	1	3	8
5	6	8	4	1	3	7	2	9
6	7	2	1	4	9	8	5	3
1	4	3	2	8	5	9	7	6
8	5	9	7	3	6	4	1	2
3	1	5	9	6	8	2	4	7
9	2	6	5	7	4	3	8	1
4	8	7	3	2	1	6	9	5

117

8	9	7	4	3	5	1	2	6
1	4	6	7	8	2	9	3	5
5	2	3	9	6	1	4	7	8
2	7	8	1	5	3	6	4	9
3	6	5	2	4	9	7	8	1
4	1	9	6	7	8	2	5	3
6	5	2	8	1	7	3	9	4
7	3	1	5	9	4	8	6	2
9	8	4	3	2	6	5	1	7

118

3	5	7	2	8	9	6	1	4
6	1	9	7	3	4	8	2	5
4	8	2	5	1	6	7	3	9
9	4	8	6	2	5	1	7	3
2	6	3	1	9	7	4	5	8
1	7	5	3	4	8	2	9	6
5	3	6	4	7	1	9	8	2
7	9	4	8	5	2	3	6	1
8	2	1	9	6	3	5	4	7

119

6	5	2	3	8	9	1	7	4
1	7	8	4	6	5	9	3	2
3	4	9	1	7	2	5	8	6
2	1	4	5	3	8	6	9	7
7	8	6	2	9	4	3	5	1
9	3	5	6	1	7	2	4	8
8	9	3	7	2	1	4	6	5
5	2	7	9	4	6	8	1	3
4	6	1	8	5	3	7	2	9

120

5	7	6	9	3	4	1	8	2
1	4	9	2	6	8	7	5	3
3	8	2	7	1	5	6	4	9
9	1	5	8	7	2	3	6	4
4	3	7	5	9	6	8	2	1
2	6	8	1	4	3	5	9	7
6	9	4	3	5	1	2	7	8
8	5	1	4	2	7	9	3	6
7	2	3	6	8	9	4	1	5

121

7	9	3	5	4	8	1	2	6
4	6	8	1	7	2	9	5	3
5	2	1	9	6	3	7	8	4
1	8	6	3	5	9	4	7	2
2	5	7	6	1	4	3	9	8
9	3	4	8	2	7	5	6	1
8	1	9	2	3	5	6	4	7
3	7	2	4	9	6	8	1	5
6	4	5	7	8	1	2	3	9

122

2	7	5	3	1	6	4	8	9
4	8	3	2	5	9	6	7	1
1	9	6	7	8	4	2	5	3
9	1	2	8	4	3	7	6	5
8	5	7	1	6	2	9	3	4
3	6	4	5	9	7	8	1	2
5	2	1	9	7	8	3	4	6
7	4	9	6	3	1	5	2	8
6	3	8	4	2	5	1	9	7

123

1	5	7	3	4	2	8	9	6
2	6	3	9	1	8	7	5	4
9	8	4	5	6	7	3	1	2
8	7	6	1	5	4	9	2	3
4	3	2	8	9	6	1	7	5
5	1	9	2	7	3	4	6	8
3	2	1	7	8	5	6	4	9
6	9	8	4	2	1	5	3	7
7	4	5	6	3	9	2	8	1

124

3	2	9	6	8	4	1	5	7
7	1	4	9	2	5	3	6	8
8	6	5	3	1	7	4	9	2
2	8	1	7	6	9	5	4	3
9	4	6	8	5	3	2	7	1
5	3	7	1	4	2	9	8	6
6	5	8	4	3	1	7	2	9
4	9	3	2	7	6	8	1	5
1	7	2	5	9	8	6	3	4

125

4	3	5	1	6	7	2	8	9
1	6	2	5	8	9	7	4	3
9	8	7	2	4	3	5	6	1
3	5	1	7	2	4	6	9	8
6	9	4	8	1	5	3	2	7
7	2	8	3	9	6	1	5	4
8	7	3	9	5	2	4	1	6
2	1	6	4	7	8	9	3	5
5	4	9	6	3	1	8	7	2

126

5	2	7	1	4	8	3	6	9
1	6	4	5	3	9	7	8	2
8	9	3	6	7	2	4	5	1
6	7	5	3	8	1	9	2	4
4	3	8	2	9	5	6	1	7
2	1	9	7	6	4	5	3	8
7	5	2	4	1	6	8	9	3
3	8	6	9	2	7	1	4	5
9	4	1	8	5	3	2	7	6

127

5	3	7	1	4	6	8	2	9
8	6	2	3	5	9	7	1	4
9	1	4	7	2	8	3	5	6
4	8	5	2	3	7	9	6	1
2	7	1	9	6	5	4	8	3
6	9	3	8	1	4	5	7	2
7	4	8	6	9	2	1	3	5
3	5	6	4	7	1	2	9	8
1	2	9	5	8	3	6	4	7

128

3	1	8	2	5	9	4	7	6
6	2	7	3	8	4	5	1	9
4	5	9	6	7	1	3	8	2
9	4	5	8	6	7	2	3	1
8	7	2	1	9	3	6	5	4
1	3	6	5	4	2	8	9	7
2	9	4	7	3	5	1	6	8
5	8	1	9	2	6	7	4	3
7	6	3	4	1	8	9	2	5

129

4	9	5	1	7	3	8	2	6
1	8	3	6	4	2	9	7	5
6	2	7	8	9	5	3	1	4
8	5	6	9	3	1	7	4	2
9	1	2	4	6	7	5	3	8
7	3	4	5	2	8	6	9	1
3	4	9	2	5	6	1	8	7
2	6	8	7	1	9	4	5	3
5	7	1	3	8	4	2	6	9

130

3	2	9	7	5	4	8	6	1
4	5	8	1	6	3	9	7	2
7	6	1	2	9	8	4	3	5
8	1	4	9	7	6	2	5	3
2	9	6	8	3	5	1	4	7
5	3	7	4	1	2	6	8	9
1	8	2	3	4	7	5	9	6
6	4	3	5	2	9	7	1	8
9	7	5	6	8	1	3	2	4

131

6	3	7	5	4	9	2	1	8
1	4	5	6	8	2	3	7	9
2	9	8	7	1	3	6	5	4
4	1	6	9	7	8	5	3	2
8	5	2	4	3	1	7	9	6
3	7	9	2	5	6	4	8	1
9	2	1	3	6	5	8	4	7
5	8	4	1	2	7	9	6	3
7	6	3	8	9	4	1	2	5

132

9	5	6	8	2	1	7	3	4
4	2	7	3	6	5	9	1	8
1	8	3	7	9	4	2	5	6
8	4	2	6	1	7	3	9	5
3	7	9	4	5	2	8	6	1
6	1	5	9	8	3	4	7	2
7	9	1	5	4	8	6	2	3
5	3	8	2	7	6	1	4	9
2	6	4	1	3	9	5	8	7

133

2	1	7	8	4	9	5	6	3
9	6	3	7	1	5	4	8	2
5	4	8	6	3	2	9	1	7
4	9	6	3	2	8	1	7	5
1	3	5	9	6	7	2	4	8
8	7	2	4	5	1	3	9	6
3	2	9	1	7	6	8	5	4
7	5	1	2	8	4	6	3	9
6	8	4	5	9	3	7	2	1

134

2	9	7	4	6	3	8	5	1
8	5	1	7	9	2	3	4	6
6	4	3	1	8	5	7	9	2
1	3	4	8	5	6	2	7	9
5	2	9	3	1	7	6	8	4
7	8	6	9	2	4	5	1	3
9	6	2	5	4	8	1	3	7
4	7	5	6	3	1	9	2	8
3	1	8	2	7	9	4	6	5

135

4	8	3	9	7	6	1	2	5
1	7	9	2	5	4	3	8	6
2	6	5	3	8	1	7	9	4
6	4	2	8	3	7	5	1	9
3	9	1	5	4	2	6	7	8
8	5	7	6	1	9	4	3	2
9	2	4	1	6	3	8	5	7
7	1	8	4	2	5	9	6	3
5	3	6	7	9	8	2	4	1

136

7	2	4	6	8	5	9	3	1
3	8	6	9	1	4	7	2	5
9	5	1	7	2	3	4	6	8
4	1	5	8	3	7	2	9	6
6	7	8	2	4	9	5	1	3
2	3	9	1	5	6	8	7	4
5	6	2	3	7	8	1	4	9
8	9	7	4	6	1	3	5	2
1	4	3	5	9	2	6	8	7

137

9	5	2	6	1	7	3	4	8
4	3	6	2	8	9	7	1	5
8	7	1	5	4	3	9	2	6
5	1	9	4	7	2	6	8	3
3	2	7	8	6	5	4	9	1
6	8	4	3	9	1	2	5	7
1	6	3	9	5	4	8	7	2
7	9	8	1	2	6	5	3	4
2	4	5	7	3	8	1	6	9

138

7	4	1	6	2	9	8	3	5
5	2	6	1	3	8	4	7	9
8	3	9	5	7	4	2	6	1
1	5	8	2	4	7	6	9	3
9	7	2	3	8	6	5	1	4
4	6	3	9	5	1	7	8	2
2	8	7	4	1	3	9	5	6
3	9	4	8	6	5	1	2	7
6	1	5	7	9	2	3	4	8

139

8	9	2	5	4	6	1	7	3
5	7	6	3	9	1	2	8	4
3	1	4	2	7	8	5	9	6
7	6	5	9	1	3	8	4	2
4	2	1	8	6	5	9	3	7
9	8	3	4	2	7	6	5	1
2	3	8	6	5	4	7	1	9
6	5	7	1	3	9	4	2	8
1	4	9	7	8	2	3	6	5

140

9	3	6	5	1	7	8	4	2
5	7	4	8	9	2	1	6	3
1	8	2	4	3	6	7	5	9
3	9	5	7	6	4	2	8	1
6	4	1	2	8	3	9	7	5
8	2	7	9	5	1	4	3	6
7	6	3	1	4	9	5	2	8
4	1	8	6	2	5	3	9	7
2	5	9	3	7	8	6	1	4

141

7	1	2	5	3	6	4	9	8
8	4	9	2	1	7	6	3	5
3	5	6	4	8	9	2	1	7
2	3	1	6	5	4	8	7	9
9	8	5	1	7	2	3	4	6
4	6	7	8	9	3	5	2	1
6	9	4	7	2	5	1	8	3
1	2	3	9	6	8	7	5	4
5	7	8	3	4	1	9	6	2

142

8	4	1	7	5	9	6	3	2
2	7	5	6	3	8	4	9	1
3	6	9	4	1	2	8	7	5
6	3	7	5	4	1	9	2	8
5	1	8	9	2	3	7	4	6
4	9	2	8	6	7	1	5	3
1	2	6	3	7	4	5	8	9
7	8	3	1	9	5	2	6	4
9	5	4	2	8	6	3	1	7

143

9	4	8	3	5	1	2	7	6
5	6	7	9	8	2	4	1	3
2	1	3	4	6	7	8	5	9
4	5	6	1	7	8	9	3	2
1	7	9	2	3	4	5	6	8
3	8	2	6	9	5	1	4	7
6	2	4	7	1	9	3	8	5
7	9	5	8	4	3	6	2	1
8	3	1	5	2	6	7	9	4

144

9	2	4	7	6	3	5	1	8
1	6	8	4	5	2	7	3	9
3	7	5	9	8	1	2	6	4
2	1	3	8	9	6	4	7	5
6	4	9	5	3	7	8	2	1
5	8	7	2	1	4	6	9	3
4	5	1	6	2	9	3	8	7
8	3	6	1	7	5	9	4	2
7	9	2	3	4	8	1	5	6

145

5	9	2	3	4	8	1	6	7
7	4	1	9	6	5	3	8	2
8	3	6	7	2	1	4	9	5
3	1	8	4	5	2	9	7	6
9	5	4	6	7	3	8	2	1
2	6	7	8	1	9	5	4	3
6	8	3	5	9	7	2	1	4
1	7	5	2	8	4	6	3	9
4	2	9	1	3	6	7	5	8

146

1	3	9	6	8	5	4	7	2
4	2	5	1	7	3	6	8	9
8	7	6	4	9	2	1	5	3
5	1	7	3	6	4	2	9	8
2	8	4	5	1	9	3	6	7
9	6	3	8	2	7	5	1	4
3	5	8	9	4	6	7	2	1
7	4	1	2	5	8	9	3	6
6	9	2	7	3	1	8	4	5

147

4	5	9	7	3	6	8	2	1
1	8	6	2	4	5	7	3	9
7	2	3	8	1	9	4	5	6
9	6	2	3	8	1	5	7	4
5	3	7	9	2	4	6	1	8
8	1	4	6	5	7	2	9	3
6	9	5	4	7	3	1	8	2
2	4	1	5	9	8	3	6	7
3	7	8	1	6	2	9	4	5

148

7	1	2	6	3	8	5	9	4
6	4	9	2	7	5	3	1	8
8	5	3	9	1	4	6	2	7
9	6	4	8	2	3	1	7	5
2	3	7	4	5	1	9	8	6
5	8	1	7	9	6	4	3	2
4	9	6	1	8	7	2	5	3
1	7	5	3	4	2	8	6	9
3	2	8	5	6	9	7	4	1

149

1	8	4	5	3	6	9	2	7
5	3	7	2	9	1	8	4	6
9	6	2	7	8	4	1	3	5
4	5	3	8	6	2	7	1	9
8	1	9	3	4	7	5	6	2
7	2	6	1	5	9	3	8	4
6	4	1	9	7	8	2	5	3
2	9	5	4	1	3	6	7	8
3	7	8	6	2	5	4	9	1

150

3	4	7	2	8	6	1	5	9
1	2	6	3	5	9	8	7	4
9	8	5	1	4	7	3	6	2
8	6	4	9	1	3	5	2	7
5	1	2	8	7	4	9	3	6
7	3	9	6	2	5	4	1	8
6	7	1	4	3	8	2	9	5
4	5	3	7	9	2	6	8	1
2	9	8	5	6	1	7	4	3

151

5	3	9	1	8	7	6	4	2
1	2	6	3	5	4	7	9	8
4	8	7	9	6	2	3	1	5
3	9	1	6	7	5	8	2	4
8	7	4	2	9	3	5	6	1
2	6	5	4	1	8	9	3	7
6	5	2	8	3	1	4	7	9
7	1	3	5	4	9	2	8	6
9	4	8	7	2	6	1	5	3

152

3	7	4	9	1	6	5	2	8
5	2	9	4	3	8	7	1	6
8	1	6	5	2	7	3	9	4
7	6	5	8	4	2	9	3	1
2	8	1	3	5	9	6	4	7
4	9	3	6	7	1	2	8	5
9	5	2	1	6	4	8	7	3
6	4	7	2	8	3	1	5	9
1	3	8	7	9	5	4	6	2

153

7	3	8	6	5	2	1	4	9
4	1	6	9	7	8	5	2	3
9	5	2	3	1	4	7	6	8
6	4	9	5	8	1	2	3	7
1	7	3	2	6	9	4	8	5
8	2	5	7	4	3	9	1	6
5	8	4	1	3	7	6	9	2
2	6	1	8	9	5	3	7	4
3	9	7	4	2	6	8	5	1

154

7	6	9	3	2	4	1	5	8
5	8	2	9	1	7	3	4	6
3	1	4	8	5	6	2	9	7
8	9	5	1	6	3	7	2	4
6	7	1	4	9	2	8	3	5
2	4	3	5	7	8	6	1	9
4	2	8	6	3	9	5	7	1
1	3	6	7	4	5	9	8	2
9	5	7	2	8	1	4	6	3

155

4	9	2	1	5	3	8	6	7
3	6	1	8	9	7	2	5	4
5	8	7	2	6	4	1	9	3
6	2	5	3	1	9	4	7	8
8	3	4	5	7	6	9	2	1
1	7	9	4	2	8	6	3	5
9	5	3	6	4	1	7	8	2
7	4	8	9	3	2	5	1	6
2	1	6	7	8	5	3	4	9

156

1	2	5	7	8	4	3	9	6
8	3	7	9	5	6	4	1	2
6	4	9	1	2	3	5	7	8
3	7	2	6	1	5	8	4	9
4	8	6	2	3	9	7	5	1
5	9	1	8	4	7	6	2	3
7	1	3	5	9	8	2	6	4
2	6	8	4	7	1	9	3	5
9	5	4	3	6	2	1	8	7

157

4	7	6	9	8	1	2	5	3
5	9	8	3	2	4	6	7	1
1	2	3	5	6	7	8	9	4
2	8	4	7	5	3	1	6	9
9	5	1	6	4	8	7	3	2
6	3	7	1	9	2	5	4	8
3	6	5	8	1	9	4	2	7
8	4	9	2	7	6	3	1	5
7	1	2	4	3	5	9	8	6

158

7	2	1	5	4	3	8	6	9
3	9	6	8	2	7	5	4	1
4	8	5	9	1	6	3	7	2
8	5	4	7	9	1	2	3	6
6	3	9	4	5	2	7	1	8
2	1	7	3	6	8	4	9	5
5	4	8	1	7	9	6	2	3
9	6	3	2	8	4	1	5	7
1	7	2	6	3	5	9	8	4

159

3	9	4	8	5	6	2	1	7
5	2	6	3	7	1	8	9	4
8	1	7	9	4	2	3	6	5
2	6	3	4	1	8	7	5	9
9	5	8	7	6	3	1	4	2
7	4	1	5	2	9	6	8	3
4	3	2	1	8	5	9	7	6
6	8	5	2	9	7	4	3	1
1	7	9	6	3	4	5	2	8

160

1	7	4	5	9	3	8	6	2
5	6	8	2	7	4	3	9	1
2	3	9	6	8	1	7	4	5
4	5	3	1	2	9	6	8	7
7	2	1	8	3	6	4	5	9
8	9	6	4	5	7	1	2	3
3	8	7	9	6	2	5	1	4
6	1	2	3	4	5	9	7	8
9	4	5	7	1	8	2	3	6

161

7	3	4	8	1	6	2	5	9
8	2	9	5	4	3	1	6	7
5	1	6	2	7	9	3	8	4
9	4	7	6	5	1	8	3	2
2	5	8	7	3	4	9	1	6
3	6	1	9	2	8	7	4	5
4	8	5	1	9	7	6	2	3
1	7	2	3	6	5	4	9	8
6	9	3	4	8	2	5	7	1

162

3	4	5	7	6	8	9	1	2
1	6	9	2	5	3	7	8	4
7	2	8	4	1	9	3	6	5
8	9	3	6	4	2	5	7	1
6	5	4	1	3	7	8	2	9
2	7	1	9	8	5	4	3	6
4	8	7	5	2	6	1	9	3
5	3	2	8	9	1	6	4	7
9	1	6	3	7	4	2	5	8

163

6	4	1	9	7	2	8	5	3
5	8	7	6	3	1	4	9	2
2	3	9	8	5	4	7	6	1
8	2	5	1	6	3	9	4	7
3	9	4	7	8	5	2	1	6
7	1	6	4	2	9	5	3	8
1	5	3	2	9	8	6	7	4
4	6	8	5	1	7	3	2	9
9	7	2	3	4	6	1	8	5

164

3	7	5	4	9	8	6	2	1
1	9	8	3	6	2	4	5	7
2	4	6	1	5	7	3	8	9
4	5	3	2	1	9	7	6	8
6	8	2	7	4	3	9	1	5
7	1	9	6	8	5	2	3	4
5	3	4	8	7	6	1	9	2
8	6	1	9	2	4	5	7	3
9	2	7	5	3	1	8	4	6

165

2	5	6	3	4	8	9	7	1
4	7	8	2	1	9	5	3	6
9	1	3	6	5	7	8	2	4
6	4	2	5	9	3	1	8	7
1	3	9	7	8	6	2	4	5
7	8	5	1	2	4	6	9	3
5	6	4	9	3	2	7	1	8
3	2	1	8	7	5	4	6	9
8	9	7	4	6	1	3	5	2

166

8	7	4	1	3	5	2	9	6
2	5	1	6	4	9	8	7	3
3	9	6	8	2	7	1	4	5
6	1	8	9	5	4	7	3	2
9	4	3	7	6	2	5	1	8
7	2	5	3	1	8	4	6	9
5	6	2	4	9	1	3	8	7
1	3	7	5	8	6	9	2	4
4	8	9	2	7	3	6	5	1

167

5	4	7	6	3	9	8	2	1
8	2	3	4	5	1	6	7	9
1	9	6	2	8	7	4	5	3
7	3	1	8	6	4	5	9	2
9	8	2	1	7	5	3	6	4
4	6	5	3	9	2	1	8	7
2	1	9	5	4	8	7	3	6
6	5	4	7	2	3	9	1	8
3	7	8	9	1	6	2	4	5

168

6	4	3	9	5	1	2	8	7
5	7	1	8	6	2	3	9	4
2	8	9	3	4	7	6	1	5
3	5	7	6	8	9	1	4	2
9	1	4	2	3	5	7	6	8
8	2	6	1	7	4	5	3	9
4	3	2	5	1	8	9	7	6
7	6	5	4	9	3	8	2	1
1	9	8	7	2	6	4	5	3

169

7	2	9	3	4	5	8	6	1
6	8	3	9	7	1	4	5	2
5	4	1	8	2	6	3	7	9
3	1	5	7	8	4	9	2	6
9	6	2	5	1	3	7	8	4
8	7	4	6	9	2	5	1	3
2	3	6	4	5	8	1	9	7
1	5	7	2	3	9	6	4	8
4	9	8	1	6	7	2	3	5

170

5	8	3	7	1	9	4	6	2
6	7	1	2	4	5	8	9	3
2	4	9	8	3	6	1	5	7
7	3	6	1	9	4	2	8	5
9	5	8	6	2	3	7	4	1
1	2	4	5	8	7	6	3	9
8	9	2	3	6	1	5	7	4
4	6	5	9	7	2	3	1	8
3	1	7	4	5	8	9	2	6

171

7	1	8	2	9	5	6	4	3
6	2	9	7	3	4	8	1	5
4	5	3	1	6	8	7	2	9
1	9	5	3	7	2	4	6	8
3	6	7	8	4	9	2	5	1
8	4	2	6	5	1	9	3	7
2	8	4	5	1	7	3	9	6
9	3	1	4	8	6	5	7	2
5	7	6	9	2	3	1	8	4

172

7	9	2	8	3	6	5	1	4
1	6	5	4	2	7	9	8	3
8	4	3	5	9	1	2	6	7
9	2	6	3	7	4	1	5	8
5	7	4	6	1	8	3	9	2
3	8	1	2	5	9	7	4	6
6	3	7	1	8	5	4	2	9
2	5	8	9	4	3	6	7	1
4	1	9	7	6	2	8	3	5

173

8	4	2	9	7	3	6	1	5
7	9	6	4	1	5	2	8	3
5	3	1	8	6	2	7	9	4
6	2	3	1	5	7	9	4	8
4	5	8	2	3	9	1	7	6
1	7	9	6	4	8	5	3	2
9	8	4	5	2	1	3	6	7
2	1	7	3	8	6	4	5	9
3	6	5	7	9	4	8	2	1

174

3	4	5	1	7	9	2	8	6
2	1	9	3	8	6	7	4	5
6	7	8	2	5	4	3	9	1
1	8	4	5	9	2	6	7	3
7	2	6	8	1	3	4	5	9
9	5	3	6	4	7	8	1	2
5	6	1	4	2	8	9	3	7
4	3	7	9	6	1	5	2	8
8	9	2	7	3	5	1	6	4

175

8	5	7	2	1	9	4	6	3
6	1	2	4	5	3	7	8	9
3	4	9	6	7	8	1	5	2
2	3	5	1	4	6	9	7	8
9	6	4	7	8	5	3	2	1
7	8	1	3	9	2	5	4	6
5	9	6	8	3	7	2	1	4
1	7	8	9	2	4	6	3	5
4	2	3	5	6	1	8	9	7

176

1	3	7	4	6	9	2	5	8
4	8	9	3	2	5	7	1	6
6	5	2	7	1	8	4	9	3
8	7	3	9	5	4	6	2	1
5	2	4	6	8	1	3	7	9
9	1	6	2	3	7	5	8	4
3	4	1	5	9	2	8	6	7
2	6	8	1	7	3	9	4	5
7	9	5	8	4	6	1	3	2

177

2	7	4	6	8	5	1	9	3
3	8	1	2	9	4	6	7	5
9	5	6	1	7	3	4	2	8
1	2	9	5	6	8	3	4	7
7	6	8	3	4	1	9	5	2
4	3	5	9	2	7	8	6	1
8	9	2	7	3	6	5	1	4
6	1	3	4	5	2	7	8	9
5	4	7	8	1	9	2	3	6

178

8	6	7	3	5	4	1	2	9
1	5	3	2	9	6	8	7	4
2	4	9	8	7	1	5	6	3
4	8	1	6	3	9	7	5	2
6	9	5	4	2	7	3	8	1
7	3	2	5	1	8	9	4	6
5	2	4	9	8	3	6	1	7
9	7	8	1	6	2	4	3	5
3	1	6	7	4	5	2	9	8

179

3	1	7	6	4	2	8	5	9
6	4	5	8	3	9	7	2	1
8	9	2	5	7	1	3	4	6
2	3	9	4	5	8	6	1	7
1	8	4	7	9	6	5	3	2
5	7	6	1	2	3	9	8	4
7	6	1	2	8	5	4	9	3
9	2	8	3	6	4	1	7	5
4	5	3	9	1	7	2	6	8

180

3	2	4	6	9	5	1	8	7
1	6	7	2	8	4	3	9	5
8	5	9	3	1	7	2	6	4
7	8	5	9	4	3	6	1	2
6	4	3	1	5	2	9	7	8
2	9	1	7	6	8	4	5	3
9	7	2	8	3	1	5	4	6
5	3	6	4	7	9	8	2	1
4	1	8	5	2	6	7	3	9

181

3	8	9	7	1	6	2	4	5
5	6	7	8	2	4	3	1	9
1	2	4	9	3	5	7	8	6
4	1	5	6	9	3	8	7	2
7	9	6	1	8	2	4	5	3
8	3	2	5	4	7	9	6	1
9	4	8	3	6	1	5	2	7
6	7	3	2	5	8	1	9	4
2	5	1	4	7	9	6	3	8

182

7	1	2	6	3	5	8	4	9
4	6	3	8	7	9	2	5	1
8	9	5	2	4	1	3	7	6
5	2	9	3	1	7	4	6	8
6	4	8	5	9	2	7	1	3
1	3	7	4	8	6	5	9	2
2	7	6	9	5	3	1	8	4
3	8	1	7	6	4	9	2	5
9	5	4	1	2	8	6	3	7

183

3	9	8	7	1	2	5	4	6
4	7	5	8	3	6	2	9	1
6	1	2	4	5	9	3	7	8
2	5	4	1	8	3	9	6	7
9	6	7	2	4	5	8	1	3
1	8	3	9	6	7	4	5	2
5	2	6	3	7	4	1	8	9
8	4	9	6	2	1	7	3	5
7	3	1	5	9	8	6	2	4

184

9	5	3	2	6	1	8	4	7
7	4	6	8	5	3	9	2	1
2	8	1	9	7	4	6	3	5
5	9	2	4	1	6	3	7	8
6	1	4	7	3	8	5	9	2
8	3	7	5	2	9	4	1	6
4	2	8	6	9	7	1	5	3
3	6	5	1	4	2	7	8	9
1	7	9	3	8	5	2	6	4

185

4	8	5	9	1	7	3	2	6
1	3	9	6	2	4	8	5	7
7	2	6	3	8	5	4	9	1
5	7	4	2	6	3	9	1	8
2	6	1	8	4	9	7	3	5
3	9	8	7	5	1	2	6	4
8	5	2	4	9	6	1	7	3
6	4	3	1	7	2	5	8	9
9	1	7	5	3	8	6	4	2

186

5	8	2	6	7	3	4	1	9
4	7	3	9	2	1	5	8	6
9	1	6	5	8	4	3	7	2
7	3	9	2	1	6	8	4	5
8	5	1	3	4	9	6	2	7
6	2	4	7	5	8	9	3	1
3	6	8	1	9	2	7	5	4
1	9	5	4	3	7	2	6	8
2	4	7	8	6	5	1	9	3

187

9	8	7	6	1	5	4	3	2
3	1	4	9	7	2	5	8	6
5	2	6	3	4	8	9	1	7
8	3	1	7	6	9	2	4	5
6	9	5	2	3	4	1	7	8
7	4	2	8	5	1	6	9	3
2	6	3	4	9	7	8	5	1
4	5	8	1	2	3	7	6	9
1	7	9	5	8	6	3	2	4

188

2	3	7	8	9	5	4	6	1
9	1	4	7	6	3	2	8	5
8	6	5	4	1	2	7	9	3
6	7	3	1	4	8	5	2	9
5	4	8	2	3	9	6	1	7
1	2	9	6	5	7	3	4	8
7	8	6	3	2	1	9	5	4
3	9	2	5	8	4	1	7	6
4	5	1	9	7	6	8	3	2

189

4	8	3	1	6	9	7	5	2
9	5	2	7	3	4	8	6	1
1	6	7	5	8	2	3	4	9
8	4	9	3	1	6	5	2	7
5	3	6	9	2	7	4	1	8
2	7	1	8	4	5	9	3	6
7	1	4	2	9	3	6	8	5
3	9	8	6	5	1	2	7	4
6	2	5	4	7	8	1	9	3

190

6	2	5	7	3	1	9	8	4
1	4	3	9	5	8	2	7	6
8	7	9	4	2	6	1	5	3
9	5	4	3	6	2	8	1	7
7	3	1	8	4	9	5	6	2
2	6	8	5	1	7	4	3	9
3	8	7	1	9	4	6	2	5
5	9	6	2	8	3	7	4	1
4	1	2	6	7	5	3	9	8

191

2	4	5	9	6	7	1	3	8
9	3	8	1	4	5	7	2	6
7	6	1	3	2	8	5	9	4
8	1	3	6	9	2	4	5	7
6	5	2	4	7	3	8	1	9
4	9	7	8	5	1	2	6	3
1	7	9	2	3	4	6	8	5
5	8	6	7	1	9	3	4	2
3	2	4	5	8	6	9	7	1

192

2	8	6	3	9	7	4	5	1
5	4	7	6	2	1	3	8	9
1	9	3	8	5	4	2	7	6
9	7	1	5	4	6	8	3	2
8	6	5	2	1	3	9	4	7
4	3	2	7	8	9	6	1	5
7	1	9	4	6	8	5	2	3
3	5	4	9	7	2	1	6	8
6	2	8	1	3	5	7	9	4

193

4	2	9	1	3	6	5	7	8
7	6	8	2	5	4	1	3	9
3	1	5	7	9	8	4	6	2
6	9	3	5	8	7	2	1	4
1	8	7	4	2	9	6	5	3
2	5	4	6	1	3	9	8	7
9	7	6	3	4	5	8	2	1
5	4	1	8	7	2	3	9	6
8	3	2	9	6	1	7	4	5

194

7	9	8	3	1	2	6	4	5
3	1	5	4	7	6	8	2	9
4	6	2	9	8	5	3	1	7
8	5	9	6	2	7	1	3	4
2	4	7	8	3	1	9	5	6
1	3	6	5	4	9	2	7	8
9	8	1	7	5	3	4	6	2
5	2	4	1	6	8	7	9	3
6	7	3	2	9	4	5	8	1

195

7	1	3	5	9	6	2	4	8
8	4	6	2	7	1	9	3	5
5	2	9	4	3	8	6	1	7
2	6	4	9	5	3	8	7	1
1	5	8	6	2	7	4	9	3
3	9	7	8	1	4	5	2	6
4	3	5	1	8	9	7	6	2
6	8	1	7	4	2	3	5	9
9	7	2	3	6	5	1	8	4

196

5	1	8	9	3	7	4	6	2
9	7	2	4	6	1	3	8	5
6	4	3	5	8	2	7	1	9
4	5	1	8	9	6	2	3	7
3	8	9	7	2	4	1	5	6
2	6	7	1	5	3	9	4	8
1	2	4	6	7	8	5	9	3
7	9	6	3	1	5	8	2	4
8	3	5	2	4	9	6	7	1

197

1	8	3	2	5	9	7	4	6
9	7	6	1	4	8	2	3	5
5	4	2	7	6	3	8	1	9
2	5	4	3	8	7	9	6	1
6	1	7	4	9	5	3	8	2
3	9	8	6	1	2	4	5	7
8	2	9	5	3	1	6	7	4
4	3	5	9	7	6	1	2	8
7	6	1	8	2	4	5	9	3

198

4	2	6	9	3	5	1	7	8
3	7	5	1	6	8	9	2	4
8	1	9	4	7	2	3	6	5
1	6	7	5	2	9	4	8	3
5	4	8	3	1	7	6	9	2
9	3	2	8	4	6	7	5	1
2	5	3	6	9	4	8	1	7
7	9	1	2	8	3	5	4	6
6	8	4	7	5	1	2	3	9

199

6	9	1	5	4	3	2	8	7
2	4	8	7	6	1	3	9	5
7	3	5	8	9	2	6	4	1
8	2	7	6	1	9	4	5	3
3	5	4	2	8	7	1	6	9
1	6	9	4	3	5	7	2	8
9	8	2	3	7	6	5	1	4
5	1	3	9	2	4	8	7	6
4	7	6	1	5	8	9	3	2

200

3	1	9	8	2	4	6	5	7
6	5	4	3	7	9	2	8	1
8	2	7	6	1	5	9	3	4
1	8	6	5	3	7	4	2	9
2	4	5	1	9	6	3	7	8
9	7	3	2	4	8	5	1	6
7	3	8	9	6	2	1	4	5
5	9	1	4	8	3	7	6	2
4	6	2	7	5	1	8	9	3

201

4	5	8	6	2	7	3	9	1
1	3	2	9	5	4	6	8	7
9	7	6	8	1	3	2	4	5
8	2	1	7	9	6	4	5	3
3	9	4	5	8	2	7	1	6
5	6	7	3	4	1	9	2	8
2	1	3	4	7	5	8	6	9
6	8	5	2	3	9	1	7	4
7	4	9	1	6	8	5	3	2

202

1	9	5	4	8	6	2	3	7
4	6	2	3	9	7	5	1	8
7	3	8	5	1	2	6	4	9
2	7	1	6	3	9	4	8	5
9	4	6	8	5	1	7	2	3
5	8	3	2	7	4	1	9	6
6	2	9	7	4	3	8	5	1
8	1	7	9	2	5	3	6	4
3	5	4	1	6	8	9	7	2

203

9	4	3	5	8	7	6	1	2
1	5	6	2	3	9	7	4	8
2	7	8	1	4	6	9	3	5
6	3	2	9	1	8	5	7	4
4	9	1	7	6	5	2	8	3
5	8	7	4	2	3	1	6	9
8	1	5	6	9	4	3	2	7
7	6	4	3	5	2	8	9	1
3	2	9	8	7	1	4	5	6

204

9	3	6	2	1	7	4	8	5
2	4	8	6	3	5	9	7	1
5	7	1	9	8	4	3	2	6
7	5	2	3	4	1	8	6	9
4	8	9	5	2	6	1	3	7
1	6	3	8	7	9	2	5	4
6	2	7	4	9	8	5	1	3
8	1	4	7	5	3	6	9	2
3	9	5	1	6	2	7	4	8

205

1	4	2	7	3	6	8	5	9
3	8	7	1	9	5	4	2	6
6	9	5	2	8	4	3	1	7
5	6	4	3	7	9	2	8	1
7	1	3	8	6	2	9	4	5
9	2	8	5	4	1	6	7	3
4	5	1	9	2	3	7	6	8
8	3	6	4	1	7	5	9	2
2	7	9	6	5	8	1	3	4

206

2	8	5	4	1	9	7	6	3
6	9	4	7	5	3	8	1	2
1	7	3	2	8	6	4	5	9
8	1	2	3	9	7	6	4	5
3	4	6	5	2	1	9	8	7
7	5	9	6	4	8	2	3	1
5	2	8	1	7	4	3	9	6
4	6	7	9	3	5	1	2	8
9	3	1	8	6	2	5	7	4

207

9	5	1	7	3	6	2	4	8
6	3	7	8	4	2	9	5	1
8	2	4	9	1	5	7	6	3
2	9	3	6	7	1	4	8	5
7	4	5	3	2	8	1	9	6
1	6	8	4	5	9	3	2	7
4	1	6	2	8	3	5	7	9
5	7	9	1	6	4	8	3	2
3	8	2	5	9	7	6	1	4

208

9	8	3	2	4	6	5	1	7
7	5	4	1	3	8	6	9	2
2	6	1	9	5	7	4	3	8
6	2	7	4	8	3	9	5	1
1	4	8	5	2	9	3	7	6
5	3	9	6	7	1	2	8	4
8	1	5	3	6	2	7	4	9
3	7	2	8	9	4	1	6	5
4	9	6	7	1	5	8	2	3

209

4	6	3	7	9	2	8	1	5
5	9	7	8	1	4	3	2	6
8	2	1	3	5	6	7	4	9
1	3	8	9	6	7	2	5	4
9	7	2	1	4	5	6	3	8
6	4	5	2	8	3	9	7	1
7	8	4	6	2	1	5	9	3
2	5	9	4	3	8	1	6	7
3	1	6	5	7	9	4	8	2

210

8	3	7	5	9	6	2	1	4
1	6	4	2	7	3	5	8	9
5	9	2	4	1	8	6	7	3
4	1	9	6	8	5	7	3	2
7	5	3	9	2	4	1	6	8
6	2	8	7	3	1	9	4	5
2	7	6	8	4	9	3	5	1
9	8	1	3	5	7	4	2	6
3	4	5	1	6	2	8	9	7

211

3	9	4	7	2	1	5	6	8
8	1	2	5	3	6	9	4	7
5	7	6	9	4	8	3	1	2
4	6	9	8	7	5	1	2	3
1	2	5	6	9	3	7	8	4
7	3	8	2	1	4	6	5	9
2	8	3	1	5	9	4	7	6
6	4	1	3	8	7	2	9	5
9	5	7	4	6	2	8	3	1

212

8	5	3	1	6	7	9	4	2
4	6	7	9	5	2	8	1	3
1	9	2	3	8	4	7	6	5
3	8	4	7	1	9	2	5	6
5	2	9	6	4	8	3	7	1
6	7	1	2	3	5	4	8	9
9	1	6	4	7	3	5	2	8
2	4	8	5	9	6	1	3	7
7	3	5	8	2	1	6	9	4

213

3	9	1	4	6	7	2	5	8
5	6	8	2	3	1	9	4	7
7	4	2	8	9	5	1	3	6
4	5	9	7	1	3	6	8	2
2	7	6	9	4	8	5	1	3
8	1	3	5	2	6	7	9	4
9	8	4	6	5	2	3	7	1
1	2	5	3	7	4	8	6	9
6	3	7	1	8	9	4	2	5

214

2	4	7	9	3	5	8	1	6
8	5	3	4	1	6	7	2	9
9	6	1	2	7	8	5	3	4
5	7	9	8	2	3	4	6	1
6	2	8	1	5	4	3	9	7
3	1	4	6	9	7	2	5	8
1	8	5	7	6	2	9	4	3
7	3	6	5	4	9	1	8	2
4	9	2	3	8	1	6	7	5

215

4	2	8	6	5	9	1	3	7
9	3	6	4	1	7	5	8	2
1	5	7	2	3	8	9	4	6
2	6	1	5	7	4	3	9	8
7	4	3	8	9	1	2	6	5
8	9	5	3	6	2	4	7	1
6	7	2	1	4	3	8	5	9
5	1	4	9	8	6	7	2	3
3	8	9	7	2	5	6	1	4

216

3	9	7	1	5	8	2	4	6
1	6	8	4	2	3	7	9	5
5	4	2	9	7	6	3	1	8
6	1	5	2	8	9	4	7	3
8	7	4	5	3	1	9	6	2
2	3	9	7	6	4	5	8	1
9	8	6	3	4	5	1	2	7
7	5	1	8	9	2	6	3	4
4	2	3	6	1	7	8	5	9

217

5	8	6	7	4	2	9	3	1
1	9	7	3	6	5	2	8	4
2	3	4	1	8	9	7	5	6
7	6	5	8	3	4	1	2	9
3	4	9	6	2	1	8	7	5
8	2	1	9	5	7	4	6	3
6	7	2	4	9	3	5	1	8
9	5	8	2	1	6	3	4	7
4	1	3	5	7	8	6	9	2

218

6	9	1	2	4	3	7	8	5
5	4	2	6	7	8	1	9	3
8	7	3	5	9	1	4	2	6
2	3	4	1	5	6	9	7	8
9	8	6	7	3	2	5	4	1
1	5	7	4	8	9	3	6	2
4	1	5	8	2	7	6	3	9
7	2	9	3	6	5	8	1	4
3	6	8	9	1	4	2	5	7

219

8	9	4	1	5	7	6	2	3
1	3	5	2	8	6	4	9	7
7	6	2	4	3	9	1	8	5
9	4	3	6	7	1	8	5	2
5	8	6	3	2	4	9	7	1
2	1	7	8	9	5	3	4	6
6	7	9	5	1	8	2	3	4
3	5	1	9	4	2	7	6	8
4	2	8	7	6	3	5	1	9

220

4	9	2	3	5	6	8	1	7
3	5	1	2	8	7	9	4	6
8	7	6	9	1	4	2	3	5
6	4	8	7	2	3	1	5	9
1	2	5	8	4	9	6	7	3
7	3	9	5	6	1	4	8	2
5	8	3	4	9	2	7	6	1
2	6	4	1	7	5	3	9	8
9	1	7	6	3	8	5	2	4

221

9	3	6	7	2	5	8	4	1
1	5	7	4	9	8	2	6	3
2	8	4	6	3	1	5	9	7
6	2	5	1	4	7	9	3	8
7	4	3	8	5	9	1	2	6
8	9	1	2	6	3	4	7	5
4	1	2	5	7	6	3	8	9
3	6	8	9	1	2	7	5	4
5	7	9	3	8	4	6	1	2

222

9	8	3	1	5	6	7	2	4
6	5	4	7	2	9	1	8	3
7	1	2	8	3	4	6	5	9
5	9	7	3	1	2	4	6	8
1	2	8	6	4	5	9	3	7
3	4	6	9	7	8	5	1	2
8	3	5	4	6	7	2	9	1
4	6	9	2	8	1	3	7	5
2	7	1	5	9	3	8	4	6

223

5	4	7	9	2	6	3	1	8
6	1	8	3	7	5	4	2	9
3	2	9	1	4	8	6	5	7
4	6	2	8	3	9	1	7	5
7	9	5	6	1	2	8	3	4
8	3	1	7	5	4	9	6	2
1	5	4	2	8	3	7	9	6
2	7	6	4	9	1	5	8	3
9	8	3	5	6	7	2	4	1

224

8	3	2	6	1	4	7	5	9
6	9	5	3	7	8	2	4	1
7	1	4	9	5	2	3	8	6
4	6	8	5	3	1	9	7	2
5	2	3	4	9	7	1	6	8
9	7	1	2	8	6	5	3	4
1	4	6	7	2	5	8	9	3
2	5	9	8	4	3	6	1	7
3	8	7	1	6	9	4	2	5

225

9	5	6	2	8	1	4	7	3
1	3	8	4	5	7	9	2	6
2	7	4	9	3	6	5	1	8
5	9	3	7	1	2	6	8	4
6	8	7	5	9	4	2	3	1
4	2	1	3	6	8	7	9	5
8	4	5	1	2	9	3	6	7
7	6	2	8	4	3	1	5	9
3	1	9	6	7	5	8	4	2

226

8	2	1	3	7	4	6	9	5
7	5	6	9	2	1	3	4	8
4	3	9	5	6	8	2	7	1
3	8	2	7	1	9	4	5	6
6	4	7	2	8	5	9	1	3
1	9	5	6	4	3	7	8	2
2	1	8	4	9	6	5	3	7
9	6	3	1	5	7	8	2	4
5	7	4	8	3	2	1	6	9

227

6	7	8	1	2	5	3	9	4
2	3	4	7	9	8	5	1	6
5	9	1	3	6	4	7	2	8
9	2	5	8	3	7	4	6	1
4	1	7	6	5	9	8	3	2
8	6	3	2	4	1	9	7	5
7	4	9	5	1	6	2	8	3
1	8	2	4	7	3	6	5	9
3	5	6	9	8	2	1	4	7

228

9	1	6	7	5	2	3	4	8
3	5	4	6	9	8	1	7	2
2	7	8	4	3	1	9	6	5
1	3	5	2	7	4	8	9	6
6	4	2	8	1	9	5	3	7
7	8	9	3	6	5	2	1	4
4	2	3	9	8	7	6	5	1
8	6	1	5	4	3	7	2	9
5	9	7	1	2	6	4	8	3

229

6	8	4	7	1	9	5	3	2
2	1	9	5	4	3	8	6	7
5	7	3	2	6	8	4	9	1
9	2	5	8	3	6	7	1	4
1	6	8	9	7	4	2	5	3
3	4	7	1	5	2	9	8	6
7	5	6	4	8	1	3	2	9
4	9	1	3	2	5	6	7	8
8	3	2	6	9	7	1	4	5

230

1	4	6	3	9	5	8	7	2
9	3	7	8	2	6	4	1	5
8	2	5	4	1	7	6	9	3
5	7	9	1	8	2	3	6	4
4	8	3	6	7	9	2	5	1
6	1	2	5	3	4	9	8	7
3	6	1	2	5	8	7	4	9
7	5	8	9	4	3	1	2	6
2	9	4	7	6	1	5	3	8

231

6	8	2	9	4	1	7	3	5
9	4	7	5	6	3	2	1	8
5	1	3	8	2	7	4	9	6
1	6	9	4	3	8	5	2	7
4	2	8	1	7	5	9	6	3
7	3	5	6	9	2	1	8	4
8	7	1	2	5	6	3	4	9
3	9	6	7	1	4	8	5	2
2	5	4	3	8	9	6	7	1

232

2	4	7	6	1	8	9	5	3
1	5	3	4	7	9	8	2	6
9	6	8	3	5	2	7	1	4
3	7	1	2	9	6	5	4	8
8	2	5	7	3	4	1	6	9
4	9	6	1	8	5	3	7	2
6	8	9	5	2	7	4	3	1
7	3	4	8	6	1	2	9	5
5	1	2	9	4	3	6	8	7

233

4	2	5	7	8	6	3	9	1
1	6	3	5	9	2	4	7	8
9	8	7	1	4	3	6	2	5
8	3	6	2	5	1	7	4	9
5	1	4	6	7	9	8	3	2
2	7	9	4	3	8	1	5	6
7	4	8	9	6	5	2	1	3
6	9	1	3	2	7	5	8	4
3	5	2	8	1	4	9	6	7

234

4	6	2	1	3	8	7	9	5
9	1	7	5	6	4	3	2	8
5	3	8	2	7	9	6	1	4
1	5	4	9	2	6	8	3	7
3	2	6	8	1	7	4	5	9
7	8	9	4	5	3	1	6	2
8	4	1	3	9	5	2	7	6
2	7	5	6	8	1	9	4	3
6	9	3	7	4	2	5	8	1

235

3	8	9	1	4	6	7	2	5
6	2	1	5	7	8	3	4	9
4	7	5	3	9	2	1	8	6
1	5	6	4	2	7	8	9	3
9	4	2	8	3	5	6	1	7
8	3	7	6	1	9	4	5	2
7	9	3	2	8	4	5	6	1
2	6	4	7	5	1	9	3	8
5	1	8	9	6	3	2	7	4

236

4	2	5	8	6	3	7	1	9
6	7	3	1	2	9	5	4	8
1	8	9	7	4	5	2	6	3
5	6	1	2	3	4	9	8	7
2	3	8	9	7	6	1	5	4
9	4	7	5	1	8	3	2	6
7	5	6	4	9	1	8	3	2
3	1	2	6	8	7	4	9	5
8	9	4	3	5	2	6	7	1

237

3	7	9	6	4	1	2	8	5
8	5	6	2	7	3	1	4	9
2	1	4	9	5	8	7	6	3
5	8	3	1	2	7	4	9	6
7	9	2	8	6	4	3	5	1
6	4	1	3	9	5	8	7	2
4	2	7	5	3	9	6	1	8
9	6	8	4	1	2	5	3	7
1	3	5	7	8	6	9	2	4

238

3	7	8	9	1	2	4	5	6
5	4	1	3	6	7	8	2	9
2	9	6	5	8	4	3	7	1
1	6	3	2	7	8	9	4	5
4	5	9	6	3	1	2	8	7
7	8	2	4	5	9	6	1	3
6	3	4	7	2	5	1	9	8
9	1	7	8	4	3	5	6	2
8	2	5	1	9	6	7	3	4

239

2	9	1	3	5	4	7	8	6
4	7	5	6	9	8	1	3	2
3	6	8	7	1	2	4	5	9
5	3	7	8	2	9	6	4	1
8	1	2	4	6	5	9	7	3
6	4	9	1	3	7	5	2	8
1	8	4	9	7	3	2	6	5
7	5	6	2	8	1	3	9	4
9	2	3	5	4	6	8	1	7

240

6	8	7	5	2	9	3	1	4
9	1	3	4	6	7	5	2	8
2	5	4	8	1	3	6	9	7
5	2	9	1	3	4	7	8	6
3	7	8	6	9	2	1	4	5
1	4	6	7	5	8	9	3	2
8	9	5	2	7	1	4	6	3
7	3	2	9	4	6	8	5	1
4	6	1	3	8	5	2	7	9

241

5	2	1	9	8	6	3	4	7
6	9	3	7	5	4	1	2	8
4	8	7	3	1	2	9	5	6
8	5	2	1	9	7	4	6	3
3	1	4	2	6	8	7	9	5
7	6	9	4	3	5	2	8	1
1	4	8	6	2	3	5	7	9
9	7	5	8	4	1	6	3	2
2	3	6	5	7	9	8	1	4

242

9	8	4	1	7	3	2	6	5
7	6	1	9	5	2	3	8	4
5	2	3	4	6	8	1	9	7
2	3	7	8	9	5	4	1	6
4	9	6	2	1	7	5	3	8
8	1	5	6	3	4	7	2	9
1	5	2	7	8	6	9	4	3
3	4	8	5	2	9	6	7	1
6	7	9	3	4	1	8	5	2

243

3	6	5	4	2	8	7	1	9
7	8	1	9	5	3	2	6	4
2	9	4	1	7	6	3	5	8
9	5	2	8	4	7	6	3	1
6	1	7	2	3	9	4	8	5
4	3	8	6	1	5	9	7	2
1	7	3	5	9	2	8	4	6
8	4	9	7	6	1	5	2	3
5	2	6	3	8	4	1	9	7

244

9	1	3	7	6	4	5	2	8
7	4	2	8	3	5	6	1	9
8	5	6	1	2	9	4	3	7
1	6	7	3	4	8	9	5	2
2	3	5	9	1	7	8	4	6
4	8	9	6	5	2	1	7	3
3	9	8	4	7	1	2	6	5
5	7	4	2	9	6	3	8	1
6	2	1	5	8	3	7	9	4

245

7	8	1	4	9	3	5	2	6
4	5	3	2	1	6	8	7	9
9	6	2	7	5	8	3	4	1
2	4	5	1	7	9	6	3	8
6	7	9	8	3	4	1	5	2
1	3	8	6	2	5	4	9	7
3	2	4	9	6	1	7	8	5
8	1	7	5	4	2	9	6	3
5	9	6	3	8	7	2	1	4

246

6	5	1	3	2	7	8	4	9
8	7	3	4	9	6	2	5	1
4	2	9	5	8	1	7	6	3
2	1	4	8	3	5	9	7	6
5	9	6	1	7	2	3	8	4
7	3	8	9	6	4	5	1	2
9	4	2	6	5	8	1	3	7
3	6	5	7	1	9	4	2	8
1	8	7	2	4	3	6	9	5

247

4	1	7	3	5	8	9	2	6
9	2	8	7	4	6	3	1	5
5	3	6	2	1	9	8	4	7
2	6	9	5	3	1	7	8	4
1	7	5	8	6	4	2	9	3
3	8	4	9	2	7	6	5	1
6	5	2	1	8	3	4	7	9
8	9	3	4	7	5	1	6	2
7	4	1	6	9	2	5	3	8

248

8	9	2	6	5	3	4	1	7
1	7	5	9	2	4	3	8	6
6	4	3	1	8	7	9	2	5
3	2	7	4	9	8	5	6	1
9	5	8	7	6	1	2	3	4
4	1	6	2	3	5	7	9	8
2	8	9	5	4	6	1	7	3
7	6	4	3	1	2	8	5	9
5	3	1	8	7	9	6	4	2

249

3	8	1	4	5	9	2	7	6
9	6	4	2	7	1	3	8	5
5	7	2	6	3	8	1	9	4
1	3	7	8	9	6	4	5	2
6	4	9	5	2	3	7	1	8
2	5	8	1	4	7	6	3	9
8	9	3	7	6	2	5	4	1
7	2	5	9	1	4	8	6	3
4	1	6	3	8	5	9	2	7

250

1	8	3	2	4	6	7	9	5
6	2	5	9	7	1	3	8	4
4	7	9	3	8	5	2	6	1
3	5	4	7	6	8	1	2	9
8	9	6	1	5	2	4	3	7
2	1	7	4	9	3	8	5	6
7	3	1	5	2	9	6	4	8
9	4	8	6	3	7	5	1	2
5	6	2	8	1	4	9	7	3

251

9	8	5	7	3	1	6	2	4
3	2	6	8	4	5	7	9	1
4	1	7	9	6	2	3	8	5
5	3	8	1	9	6	4	7	2
1	4	2	3	8	7	9	5	6
6	7	9	5	2	4	1	3	8
8	5	4	6	7	3	2	1	9
2	9	3	4	1	8	5	6	7
7	6	1	2	5	9	8	4	3

252

5	4	2	8	7	9	6	3	1
6	3	9	4	1	2	8	7	5
7	8	1	6	3	5	2	9	4
8	6	5	3	9	4	1	2	7
3	9	7	1	2	8	5	4	6
2	1	4	5	6	7	3	8	9
1	5	8	9	4	3	7	6	2
4	7	6	2	8	1	9	5	3
9	2	3	7	5	6	4	1	8

253

2	4	3	1	9	8	7	5	6
8	6	1	4	7	5	3	9	2
7	9	5	3	2	6	1	8	4
9	2	7	8	5	4	6	1	3
6	5	4	9	3	1	2	7	8
1	3	8	7	6	2	5	4	9
4	8	2	5	1	3	9	6	7
3	1	9	6	4	7	8	2	5
5	7	6	2	8	9	4	3	1

254

7	8	2	3	4	9	5	1	6
4	5	9	6	1	2	3	7	8
1	3	6	5	8	7	4	9	2
2	6	7	9	3	1	8	5	4
8	9	1	4	2	5	6	3	7
3	4	5	7	6	8	1	2	9
9	7	8	1	5	6	2	4	3
6	1	3	2	9	4	7	8	5
5	2	4	8	7	3	9	6	1

255

6	2	8	4	1	3	9	5	7
1	3	4	9	7	5	2	8	6
9	5	7	6	8	2	1	4	3
2	1	6	5	4	7	3	9	8
7	8	3	2	9	1	4	6	5
5	4	9	3	6	8	7	1	2
8	6	1	7	3	4	5	2	9
3	9	5	1	2	6	8	7	4
4	7	2	8	5	9	6	3	1

256

2	7	5	1	4	8	9	6	3
4	3	9	7	6	2	5	8	1
1	8	6	3	5	9	7	4	2
8	6	3	5	9	7	1	2	4
5	2	4	6	8	1	3	7	9
7	9	1	4	2	3	8	5	6
6	1	2	9	7	5	4	3	8
3	5	8	2	1	4	6	9	7
9	4	7	8	3	6	2	1	5

257

1	8	7	5	6	2	4	3	9
9	3	6	7	1	4	8	5	2
2	5	4	3	9	8	7	1	6
5	4	2	8	3	9	1	6	7
8	1	3	6	2	7	9	4	5
6	7	9	1	4	5	3	2	8
4	9	1	2	8	6	5	7	3
7	2	8	4	5	3	6	9	1
3	6	5	9	7	1	2	8	4

258

4	7	8	6	2	5	3	1	9
2	5	3	1	7	9	6	8	4
6	1	9	4	3	8	5	2	7
7	6	5	9	8	3	2	4	1
3	9	2	7	1	4	8	5	6
8	4	1	2	5	6	7	9	3
5	8	6	3	4	1	9	7	2
9	2	4	5	6	7	1	3	8
1	3	7	8	9	2	4	6	5

259

7	2	9	3	8	5	6	4	1
8	1	6	9	4	7	2	5	3
4	5	3	1	6	2	7	9	8
2	9	8	4	5	3	1	7	6
5	3	4	7	1	6	9	8	2
6	7	1	8	2	9	4	3	5
3	6	7	5	9	1	8	2	4
1	4	5	2	7	8	3	6	9
9	8	2	6	3	4	5	1	7

260

7	3	1	6	5	9	4	2	8
5	4	9	8	2	7	6	1	3
6	2	8	4	3	1	5	9	7
1	7	5	3	4	8	9	6	2
4	8	6	9	7	2	3	5	1
3	9	2	5	1	6	8	7	4
9	1	3	7	8	5	2	4	6
8	5	7	2	6	4	1	3	9
2	6	4	1	9	3	7	8	5

261

1	6	3	7	2	8	9	5	4
9	7	8	5	1	4	3	2	6
4	5	2	9	6	3	7	8	1
7	1	9	3	5	6	2	4	8
6	8	4	1	9	2	5	3	7
2	3	5	8	4	7	6	1	9
5	9	7	4	3	1	8	6	2
3	2	1	6	8	9	4	7	5
8	4	6	2	7	5	1	9	3

262

6	4	8	2	7	9	5	3	1
1	9	5	3	4	8	2	7	6
3	7	2	6	1	5	9	8	4
5	2	1	7	9	4	3	6	8
8	6	4	1	3	2	7	5	9
9	3	7	8	5	6	4	1	2
2	8	9	5	6	7	1	4	3
7	1	6	4	2	3	8	9	5
4	5	3	9	8	1	6	2	7

263

6	3	9	8	1	4	7	5	2
5	8	2	7	3	9	4	6	1
4	1	7	6	5	2	3	8	9
7	6	1	4	9	8	2	3	5
9	4	3	5	2	7	8	1	6
2	5	8	3	6	1	9	4	7
8	2	4	1	7	5	6	9	3
3	7	5	9	4	6	1	2	8
1	9	6	2	8	3	5	7	4

264

6	3	1	8	5	4	7	9	2
5	9	4	7	3	2	6	8	1
8	2	7	1	6	9	4	3	5
4	5	8	3	7	6	1	2	9
3	1	6	9	2	8	5	7	4
2	7	9	5	4	1	3	6	8
1	4	2	6	8	7	9	5	3
7	8	5	4	9	3	2	1	6
9	6	3	2	1	5	8	4	7

265

9	1	3	6	4	2	5	8	7
4	5	7	3	1	8	9	2	6
8	2	6	7	9	5	4	3	1
6	3	4	9	2	1	7	5	8
2	8	5	4	3	7	1	6	9
7	9	1	5	8	6	2	4	3
3	4	2	1	6	9	8	7	5
1	7	8	2	5	3	6	9	4
5	6	9	8	7	4	3	1	2

266

7	3	2	1	6	4	9	5	8
1	9	6	8	5	7	3	2	4
4	8	5	2	9	3	1	6	7
2	6	8	3	7	5	4	1	9
9	5	1	4	8	6	7	3	2
3	7	4	9	2	1	6	8	5
6	4	7	5	3	8	2	9	1
8	2	3	7	1	9	5	4	6
5	1	9	6	4	2	8	7	3

267

7	8	5	9	1	4	2	3	6
4	3	6	7	2	8	5	1	9
9	1	2	3	5	6	7	4	8
8	2	3	6	7	9	1	5	4
5	9	4	2	8	1	6	7	3
6	7	1	5	4	3	8	9	2
3	4	8	1	6	5	9	2	7
1	6	7	4	9	2	3	8	5
2	5	9	8	3	7	4	6	1

268

7	5	3	2	4	9	6	1	8
2	1	6	5	8	3	9	4	7
4	8	9	7	6	1	2	5	3
1	9	7	6	2	4	8	3	5
5	3	2	9	7	8	1	6	4
8	6	4	1	3	5	7	9	2
6	4	8	3	9	2	5	7	1
9	2	5	4	1	7	3	8	6
3	7	1	8	5	6	4	2	9

269

1	4	8	5	2	9	6	3	7
9	2	7	6	8	3	1	5	4
3	6	5	7	1	4	8	9	2
7	9	2	8	3	1	5	4	6
6	1	3	4	5	2	7	8	9
5	8	4	9	7	6	3	2	1
8	5	1	2	4	7	9	6	3
2	7	9	3	6	5	4	1	8
4	3	6	1	9	8	2	7	5

270

6	5	8	4	3	1	9	7	2
2	3	1	7	9	6	5	8	4
4	7	9	8	2	5	3	6	1
8	9	2	6	1	4	7	3	5
5	6	3	2	8	7	4	1	9
1	4	7	3	5	9	8	2	6
7	2	6	9	4	8	1	5	3
3	1	4	5	7	2	6	9	8
9	8	5	1	6	3	2	4	7

271

8	3	4	7	5	1	6	2	9
2	9	1	8	6	4	7	5	3
5	7	6	3	9	2	4	8	1
4	5	7	9	1	3	2	6	8
1	6	2	5	8	7	9	3	4
3	8	9	2	4	6	1	7	5
7	2	5	1	3	9	8	4	6
6	1	3	4	7	8	5	9	2
9	4	8	6	2	5	3	1	7

272

8	1	5	6	7	3	2	9	4
4	6	2	9	5	1	8	7	3
9	3	7	4	8	2	1	5	6
5	7	9	1	2	6	3	4	8
6	4	8	7	3	5	9	1	2
3	2	1	8	9	4	7	6	5
2	5	6	3	1	9	4	8	7
7	9	4	2	6	8	5	3	1
1	8	3	5	4	7	6	2	9

273

9	1	5	6	8	2	3	4	7
8	7	2	3	4	1	6	5	9
6	4	3	9	5	7	1	8	2
7	5	1	2	9	8	4	3	6
3	6	4	7	1	5	2	9	8
2	9	8	4	3	6	5	7	1
5	8	7	1	2	3	9	6	4
1	3	9	8	6	4	7	2	5
4	2	6	5	7	9	8	1	3

274

6	5	2	3	8	1	7	4	9
8	9	3	2	7	4	5	1	6
7	4	1	9	6	5	2	8	3
5	6	7	1	9	8	3	2	4
3	1	4	6	5	2	8	9	7
2	8	9	4	3	7	6	5	1
4	3	6	8	2	9	1	7	5
9	2	5	7	1	6	4	3	8
1	7	8	5	4	3	9	6	2

275

2	9	6	3	1	5	4	8	7
7	5	4	6	8	2	9	3	1
8	3	1	9	4	7	5	6	2
4	7	8	2	5	6	1	9	3
1	2	5	8	9	3	6	7	4
9	6	3	4	7	1	8	2	5
6	1	7	5	3	8	2	4	9
3	8	9	1	2	4	7	5	6
5	4	2	7	6	9	3	1	8

276

7	1	8	9	4	2	3	5	6
3	4	6	5	8	1	2	7	9
9	5	2	6	7	3	8	4	1
2	7	9	3	6	8	5	1	4
4	8	3	7	1	5	6	9	2
5	6	1	2	9	4	7	3	8
6	3	4	8	5	9	1	2	7
1	2	7	4	3	6	9	8	5
8	9	5	1	2	7	4	6	3

277

3	2	7	9	6	8	1	5	4
5	8	9	4	1	2	3	6	7
4	1	6	5	3	7	8	2	9
1	3	4	8	9	5	6	7	2
7	5	8	6	2	1	4	9	3
9	6	2	3	7	4	5	1	8
2	7	5	1	4	3	9	8	6
8	9	3	7	5	6	2	4	1
6	4	1	2	8	9	7	3	5

278

2	1	4	9	6	8	7	3	5
6	9	5	7	2	3	8	4	1
3	7	8	5	4	1	9	2	6
8	3	2	6	7	4	5	1	9
1	4	6	8	9	5	2	7	3
9	5	7	3	1	2	4	6	8
7	8	1	2	3	9	6	5	4
5	2	3	4	8	6	1	9	7
4	6	9	1	5	7	3	8	2

279

3	6	2	1	5	4	8	9	7
1	5	9	2	7	8	3	6	4
7	4	8	3	6	9	2	5	1
6	7	3	9	1	5	4	2	8
9	1	4	7	8	2	5	3	6
2	8	5	6	4	3	1	7	9
4	3	7	8	2	6	9	1	5
8	9	6	5	3	1	7	4	2
5	2	1	4	9	7	6	8	3

280

3	4	8	9	6	1	5	2	7
9	6	7	2	5	3	1	8	4
5	2	1	8	7	4	3	9	6
6	3	9	5	2	8	7	4	1
8	5	2	1	4	7	9	6	3
7	1	4	6	3	9	8	5	2
2	9	3	4	1	5	6	7	8
4	7	5	3	8	6	2	1	9
1	8	6	7	9	2	4	3	5

281

7	6	1	3	5	4	2	8	9
9	2	4	8	6	1	5	7	3
5	8	3	9	7	2	1	6	4
4	7	5	2	9	3	6	1	8
8	3	6	1	4	5	7	9	2
2	1	9	6	8	7	4	3	5
3	5	2	7	1	8	9	4	6
6	4	7	5	3	9	8	2	1
1	9	8	4	2	6	3	5	7

282

1	6	8	4	9	7	5	3	2
4	5	9	6	3	2	8	7	1
7	2	3	5	1	8	6	4	9
6	8	4	1	5	9	3	2	7
3	1	2	8	7	4	9	6	5
5	9	7	3	2	6	4	1	8
2	7	6	9	8	3	1	5	4
8	4	1	7	6	5	2	9	3
9	3	5	2	4	1	7	8	6

283

9	8	5	1	2	4	3	7	6
2	3	4	6	9	7	5	1	8
1	6	7	3	8	5	9	4	2
3	2	8	7	5	1	4	6	9
6	7	9	4	3	8	1	2	5
5	4	1	9	6	2	8	3	7
4	9	2	5	7	3	6	8	1
8	1	6	2	4	9	7	5	3
7	5	3	8	1	6	2	9	4

284

7	9	6	5	3	2	1	8	4
4	3	2	8	9	1	5	7	6
1	8	5	6	4	7	3	2	9
5	4	9	7	1	3	8	6	2
8	2	3	9	6	4	7	5	1
6	7	1	2	5	8	9	4	3
9	1	8	4	7	6	2	3	5
2	5	4	3	8	9	6	1	7
3	6	7	1	2	5	4	9	8

285

3	6	7	8	9	4	2	1	5
1	2	4	5	3	6	9	8	7
5	9	8	1	7	2	4	6	3
6	4	5	3	1	9	7	2	8
7	1	2	4	8	5	6	3	9
8	3	9	2	6	7	1	5	4
4	5	3	7	2	1	8	9	6
9	7	1	6	5	8	3	4	2
2	8	6	9	4	3	5	7	1

286

9	5	6	8	1	4	7	2	3
3	2	8	6	7	5	1	9	4
7	4	1	2	3	9	8	5	6
2	8	5	9	6	1	3	4	7
6	9	7	4	2	3	5	8	1
1	3	4	5	8	7	2	6	9
8	7	2	3	9	6	4	1	5
4	1	9	7	5	2	6	3	8
5	6	3	1	4	8	9	7	2

287

1	6	9	2	7	4	3	8	5
5	2	8	1	3	6	7	9	4
7	4	3	5	8	9	6	1	2
3	9	6	8	2	5	1	4	7
4	8	7	6	1	3	5	2	9
2	1	5	4	9	7	8	6	3
8	5	2	3	4	1	9	7	6
9	3	4	7	6	8	2	5	1
6	7	1	9	5	2	4	3	8

288

8	5	6	1	9	4	3	2	7
7	1	3	5	2	8	6	9	4
9	2	4	6	3	7	5	1	8
5	6	8	3	7	9	2	4	1
4	3	9	2	8	1	7	5	6
2	7	1	4	6	5	9	8	3
6	9	2	8	1	3	4	7	5
1	4	7	9	5	6	8	3	2
3	8	5	7	4	2	1	6	9

289

5	8	1	4	3	2	7	6	9
4	6	2	1	7	9	5	3	8
7	9	3	5	8	6	2	1	4
9	5	4	7	2	3	6	8	1
6	1	7	8	5	4	3	9	2
2	3	8	6	9	1	4	7	5
8	2	6	9	4	7	1	5	3
3	7	5	2	1	8	9	4	6
1	4	9	3	6	5	8	2	7

290

4	3	7	2	8	5	9	1	6
8	2	1	6	4	9	7	3	5
9	5	6	1	3	7	4	2	8
7	1	3	9	5	2	8	6	4
5	8	9	4	6	1	2	7	3
2	6	4	8	7	3	1	5	9
3	7	8	5	2	4	6	9	1
1	4	5	7	9	6	3	8	2
6	9	2	3	1	8	5	4	7

291

4	8	1	9	6	2	3	7	5
6	5	7	4	3	8	9	2	1
3	9	2	1	7	5	8	6	4
5	3	9	7	4	1	6	8	2
7	2	6	5	8	9	1	4	3
1	4	8	3	2	6	7	5	9
2	6	4	8	9	3	5	1	7
8	1	3	2	5	7	4	9	6
9	7	5	6	1	4	2	3	8

292

7	5	2	6	3	8	9	4	1
9	3	8	4	1	5	6	2	7
4	6	1	7	9	2	5	3	8
5	8	6	2	4	9	7	1	3
1	4	3	8	6	7	2	5	9
2	9	7	3	5	1	4	8	6
3	1	5	9	2	6	8	7	4
6	7	4	5	8	3	1	9	2
8	2	9	1	7	4	3	6	5

293

1	6	3	4	9	8	2	5	7
9	2	4	5	6	7	3	1	8
5	7	8	3	1	2	4	6	9
8	9	7	2	5	1	6	4	3
2	3	5	7	4	6	8	9	1
4	1	6	9	8	3	5	7	2
3	8	9	6	7	4	1	2	5
7	4	1	8	2	5	9	3	6
6	5	2	1	3	9	7	8	4

294

8	6	9	1	3	4	2	5	7
5	3	2	9	7	8	1	4	6
4	1	7	2	5	6	3	8	9
9	2	3	8	1	7	5	6	4
1	8	4	6	2	5	9	7	3
6	7	5	3	4	9	8	1	2
2	5	8	7	6	3	4	9	1
3	4	6	5	9	1	7	2	8
7	9	1	4	8	2	6	3	5

295

8	1	4	6	9	3	2	5	7
2	5	7	4	1	8	9	6	3
9	6	3	2	7	5	4	1	8
6	3	2	1	4	7	5	8	9
1	4	9	5	8	2	3	7	6
7	8	5	9	3	6	1	4	2
3	7	1	8	5	9	6	2	4
5	9	6	7	2	4	8	3	1
4	2	8	3	6	1	7	9	5

296

1	8	2	9	3	4	6	5	7
5	9	6	1	7	8	3	2	4
4	7	3	5	2	6	1	9	8
9	2	7	4	1	3	5	8	6
3	6	5	2	8	9	4	7	1
8	1	4	7	6	5	2	3	9
6	3	9	8	4	2	7	1	5
2	5	1	6	9	7	8	4	3
7	4	8	3	5	1	9	6	2

297

9	2	3	8	1	5	7	4	6
5	1	7	2	4	6	3	9	8
8	6	4	7	3	9	5	1	2
1	3	6	4	5	2	9	8	7
2	5	9	6	7	8	4	3	1
7	4	8	3	9	1	2	6	5
4	7	2	1	6	3	8	5	9
6	8	5	9	2	4	1	7	3
3	9	1	5	8	7	6	2	4

298

1	4	2	5	7	9	6	3	8
5	9	3	6	8	1	2	7	4
6	7	8	3	2	4	9	5	1
2	3	6	9	1	8	7	4	5
9	8	7	4	3	5	1	6	2
4	5	1	7	6	2	3	8	9
8	6	9	1	5	7	4	2	3
3	2	4	8	9	6	5	1	7
7	1	5	2	4	3	8	9	6

299

4	2	5	1	3	6	9	7	8
7	8	3	5	4	9	1	6	2
6	9	1	8	2	7	5	4	3
8	5	4	6	9	2	7	3	1
3	7	2	4	5	1	6	8	9
9	1	6	7	8	3	2	5	4
2	6	7	3	1	8	4	9	5
1	4	8	9	7	5	3	2	6
5	3	9	2	6	4	8	1	7

300

7	4	2	5	1	3	8	6	9
1	8	6	2	9	7	4	5	3
9	5	3	6	8	4	2	1	7
4	6	1	7	5	2	3	9	8
3	2	5	9	6	8	1	7	4
8	7	9	4	3	1	5	2	6
2	9	7	8	4	5	6	3	1
6	3	8	1	2	9	7	4	5
5	1	4	3	7	6	9	8	2

301

7	5	1	3	6	4	9	2	8
3	6	8	7	2	9	4	1	5
4	2	9	8	1	5	3	7	6
2	3	5	6	4	1	8	9	7
1	9	7	5	8	3	2	6	4
6	8	4	9	7	2	5	3	1
9	1	6	2	5	8	7	4	3
5	4	2	1	3	7	6	8	9
8	7	3	4	9	6	1	5	2

302

9	7	3	5	8	2	1	4	6
4	1	2	3	9	6	7	5	8
8	6	5	1	4	7	9	3	2
1	8	4	2	7	9	5	6	3
3	5	7	6	1	4	8	2	9
6	2	9	8	5	3	4	1	7
5	3	1	7	2	8	6	9	4
2	4	8	9	6	5	3	7	1
7	9	6	4	3	1	2	8	5

303

9	4	3	7	5	8	6	2	1
5	8	2	6	4	1	3	9	7
1	7	6	3	9	2	8	5	4
4	2	8	9	1	7	5	3	6
6	5	9	4	2	3	1	7	8
3	1	7	8	6	5	2	4	9
8	3	1	5	7	9	4	6	2
7	6	5	2	8	4	9	1	3
2	9	4	1	3	6	7	8	5

304

8	3	1	7	4	2	6	5	9
5	2	7	1	9	6	8	4	3
4	9	6	5	3	8	1	2	7
3	7	5	8	1	4	2	9	6
6	8	2	3	7	9	5	1	4
1	4	9	2	6	5	7	3	8
7	6	4	9	2	1	3	8	5
2	5	3	4	8	7	9	6	1
9	1	8	6	5	3	4	7	2

305

7	9	8	2	1	4	5	6	3
2	4	1	6	3	5	7	9	8
5	3	6	9	7	8	1	4	2
4	6	7	8	9	3	2	1	5
8	5	9	1	4	2	6	3	7
1	2	3	5	6	7	9	8	4
6	8	4	7	2	1	3	5	9
9	7	5	3	8	6	4	2	1
3	1	2	4	5	9	8	7	6

306

2	7	9	1	5	3	4	8	6
8	1	4	9	7	6	3	5	2
3	6	5	8	4	2	7	1	9
5	8	7	3	2	1	6	9	4
9	3	2	4	6	5	8	7	1
6	4	1	7	8	9	2	3	5
7	9	6	5	3	4	1	2	8
4	5	3	2	1	8	9	6	7
1	2	8	6	9	7	5	4	3

307

4	1	9	8	6	3	5	2	7
7	6	8	5	2	4	1	9	3
3	5	2	1	9	7	6	8	4
6	3	1	9	8	5	7	4	2
2	7	5	3	4	6	8	1	9
9	8	4	7	1	2	3	6	5
5	9	6	4	3	1	2	7	8
8	2	7	6	5	9	4	3	1
1	4	3	2	7	8	9	5	6

308

4	1	6	5	7	9	8	3	2
9	8	5	3	6	2	4	7	1
2	7	3	1	4	8	6	9	5
6	4	7	8	5	1	3	2	9
1	9	8	2	3	6	5	4	7
3	5	2	4	9	7	1	6	8
7	6	4	9	1	5	2	8	3
5	2	9	6	8	3	7	1	4
8	3	1	7	2	4	9	5	6

309

5	9	4	8	1	2	6	7	3
6	8	2	9	3	7	1	4	5
1	3	7	6	4	5	8	9	2
2	5	8	7	6	3	9	1	4
4	7	6	1	2	9	5	3	8
9	1	3	5	8	4	2	6	7
3	6	1	2	7	8	4	5	9
7	2	5	4	9	1	3	8	6
8	4	9	3	5	6	7	2	1

310

5	6	2	3	9	8	1	4	7
8	7	9	1	4	6	2	3	5
4	1	3	5	2	7	9	6	8
6	8	1	9	7	3	4	5	2
2	5	7	6	1	4	3	8	9
9	3	4	2	8	5	7	1	6
1	9	6	4	5	2	8	7	3
7	4	5	8	3	9	6	2	1
3	2	8	7	6	1	5	9	4

311

4	6	5	8	1	3	2	7	9
3	2	7	9	5	4	8	6	1
9	1	8	2	7	6	3	5	4
8	3	1	7	6	2	4	9	5
5	7	9	1	4	8	6	2	3
2	4	6	3	9	5	1	8	7
7	8	2	4	3	9	5	1	6
1	5	3	6	8	7	9	4	2
6	9	4	5	2	1	7	3	8

312

9	3	4	6	7	2	1	5	8
1	5	8	4	3	9	2	7	6
6	7	2	1	8	5	9	4	3
2	9	3	8	5	6	4	1	7
7	8	6	2	4	1	3	9	5
5	4	1	7	9	3	8	6	2
3	6	5	9	2	4	7	8	1
4	1	7	3	6	8	5	2	9
8	2	9	5	1	7	6	3	4

313

4	1	7	2	3	5	6	9	8
9	8	2	4	6	7	1	3	5
3	6	5	8	9	1	7	4	2
8	4	9	7	1	6	2	5	3
7	5	6	3	4	2	9	8	1
1	2	3	9	5	8	4	7	6
2	9	1	5	8	4	3	6	7
5	7	4	6	2	3	8	1	9
6	3	8	1	7	9	5	2	4

314

1	7	8	9	3	5	4	6	2
3	2	9	7	4	6	8	5	1
6	5	4	2	8	1	7	3	9
4	9	1	3	6	7	5	2	8
2	3	5	1	9	8	6	4	7
8	6	7	4	5	2	9	1	3
5	8	3	6	2	9	1	7	4
7	4	6	8	1	3	2	9	5
9	1	2	5	7	4	3	8	6

315

3	1	9	8	2	4	5	6	7
6	4	2	9	5	7	1	8	3
5	7	8	1	3	6	4	2	9
7	6	5	4	9	8	2	3	1
8	9	4	2	1	3	7	5	6
2	3	1	7	6	5	9	4	8
4	5	7	6	8	9	3	1	2
1	8	3	5	7	2	6	9	4
9	2	6	3	4	1	8	7	5

316

6	7	1	9	3	2	5	4	8
9	8	2	5	1	4	3	6	7
5	4	3	7	8	6	2	9	1
3	5	4	2	9	8	1	7	6
7	2	9	1	6	5	4	8	3
1	6	8	4	7	3	9	5	2
2	1	6	8	4	9	7	3	5
4	3	7	6	5	1	8	2	9
8	9	5	3	2	7	6	1	4

317

6	2	5	1	9	7	3	4	8
9	4	3	8	6	5	2	1	7
1	8	7	4	3	2	6	5	9
4	3	8	9	7	6	1	2	5
5	7	9	3	2	1	8	6	4
2	1	6	5	4	8	9	7	3
3	6	4	2	5	9	7	8	1
7	5	1	6	8	3	4	9	2
8	9	2	7	1	4	5	3	6

318

4	5	7	2	9	3	8	1	6
9	8	1	4	6	5	3	7	2
2	3	6	1	8	7	4	5	9
5	9	8	3	7	1	2	6	4
7	6	2	8	4	9	5	3	1
3	1	4	5	2	6	9	8	7
1	7	5	9	3	2	6	4	8
6	4	9	7	5	8	1	2	3
8	2	3	6	1	4	7	9	5

319

1	3	2	6	7	4	5	8	9
4	5	9	3	2	8	6	1	7
8	7	6	9	5	1	2	4	3
7	9	4	5	8	3	1	2	6
5	8	3	2	1	6	9	7	4
2	6	1	4	9	7	8	3	5
9	4	8	1	3	5	7	6	2
3	1	5	7	6	2	4	9	8
6	2	7	8	4	9	3	5	1

320

1	9	3	5	6	7	4	8	2
8	7	4	9	2	1	3	6	5
5	2	6	8	3	4	7	9	1
6	3	1	7	8	9	5	2	4
7	8	2	4	5	6	1	3	9
9	4	5	3	1	2	8	7	6
2	5	8	6	4	3	9	1	7
4	6	9	1	7	8	2	5	3
3	1	7	2	9	5	6	4	8

321

4	3	5	8	2	1	6	9	7
7	1	9	6	3	4	2	5	8
2	6	8	5	7	9	1	3	4
1	5	3	2	6	8	7	4	9
8	2	4	3	9	7	5	6	1
6	9	7	1	4	5	3	8	2
5	4	2	9	1	6	8	7	3
9	8	1	7	5	3	4	2	6
3	7	6	4	8	2	9	1	5

322

2	9	8	4	6	3	5	1	7
6	5	4	2	1	7	9	3	8
3	1	7	5	8	9	2	6	4
8	2	1	7	9	4	6	5	3
9	7	5	6	3	1	4	8	2
4	6	3	8	5	2	7	9	1
1	3	2	9	4	6	8	7	5
7	8	9	3	2	5	1	4	6
5	4	6	1	7	8	3	2	9

323

4	6	2	9	8	5	3	1	7
3	1	9	4	2	7	6	8	5
5	8	7	1	6	3	2	9	4
8	9	3	5	4	6	1	7	2
7	4	1	2	3	9	5	6	8
6	2	5	7	1	8	4	3	9
1	5	6	8	7	2	9	4	3
9	7	4	3	5	1	8	2	6
2	3	8	6	9	4	7	5	1

324

3	6	8	2	4	9	7	1	5
9	7	1	6	5	8	3	4	2
4	5	2	7	1	3	8	6	9
6	3	5	1	8	4	9	2	7
7	2	4	5	9	6	1	3	8
8	1	9	3	2	7	4	5	6
1	4	7	8	6	5	2	9	3
5	9	3	4	7	2	6	8	1
2	8	6	9	3	1	5	7	4

325

2	8	5	9	6	1	3	7	4
4	6	7	5	3	2	9	1	8
9	1	3	8	7	4	5	2	6
8	9	6	3	5	7	2	4	1
7	2	4	1	9	8	6	3	5
5	3	1	2	4	6	8	9	7
3	4	8	7	2	5	1	6	9
1	7	2	6	8	9	4	5	3
6	5	9	4	1	3	7	8	2

326

7	3	8	2	6	4	5	9	1
4	6	2	9	1	5	8	3	7
9	5	1	3	8	7	6	4	2
6	7	4	5	9	3	2	1	8
8	9	3	6	2	1	7	5	4
2	1	5	4	7	8	9	6	3
5	8	7	1	4	9	3	2	6
3	4	6	8	5	2	1	7	9
1	2	9	7	3	6	4	8	5

327

9	4	6	1	5	2	3	7	8
5	7	8	4	3	9	6	2	1
3	1	2	7	6	8	5	4	9
2	9	7	6	1	4	8	5	3
6	5	3	2	8	7	9	1	4
1	8	4	3	9	5	2	6	7
4	3	1	8	2	6	7	9	5
8	6	5	9	7	1	4	3	2
7	2	9	5	4	3	1	8	6

328

8	9	7	5	2	6	4	1	3
2	1	4	9	3	8	7	6	5
5	6	3	7	1	4	8	2	9
4	2	1	3	9	5	6	8	7
6	5	8	4	7	2	9	3	1
3	7	9	6	8	1	2	5	4
1	4	2	8	5	7	3	9	6
7	3	5	2	6	9	1	4	8
9	8	6	1	4	3	5	7	2

329

1	7	4	9	3	5	2	6	8
2	3	9	8	1	6	7	5	4
5	6	8	7	2	4	1	9	3
3	5	1	6	9	2	4	8	7
9	2	6	4	8	7	3	1	5
8	4	7	3	5	1	9	2	6
4	1	2	5	6	3	8	7	9
6	9	3	1	7	8	5	4	2
7	8	5	2	4	9	6	3	1

330

1	2	3	9	7	5	8	4	6
9	5	6	8	2	4	1	3	7
4	8	7	3	6	1	5	2	9
7	4	2	1	3	8	6	9	5
6	3	1	7	5	9	4	8	2
8	9	5	2	4	6	3	7	1
5	1	9	4	8	7	2	6	3
3	6	8	5	9	2	7	1	4
2	7	4	6	1	3	9	5	8

331

2	4	8	6	7	9	5	1	3
5	3	7	1	4	8	9	2	6
9	6	1	2	3	5	4	8	7
3	1	4	9	2	7	8	6	5
6	2	5	3	8	4	1	7	9
8	7	9	5	6	1	3	4	2
4	8	2	7	5	3	6	9	1
1	5	6	4	9	2	7	3	8
7	9	3	8	1	6	2	5	4

332

8	3	1	9	7	2	4	5	6
4	5	7	3	8	6	9	1	2
9	2	6	1	4	5	8	3	7
3	8	4	5	2	9	7	6	1
2	7	9	6	1	8	3	4	5
6	1	5	7	3	4	2	8	9
7	9	8	4	5	1	6	2	3
1	4	3	2	6	7	5	9	8
5	6	2	8	9	3	1	7	4

333

3	8	1	7	2	6	5	4	9
4	9	2	8	5	3	7	6	1
7	6	5	9	1	4	2	8	3
6	2	4	3	9	7	8	1	5
9	5	7	2	8	1	4	3	6
8	1	3	6	4	5	9	2	7
5	7	8	1	6	2	3	9	4
1	3	9	4	7	8	6	5	2
2	4	6	5	3	9	1	7	8

334

9	1	7	6	8	3	5	4	2
5	4	8	1	2	7	9	6	3
3	2	6	5	4	9	7	1	8
2	3	5	9	1	6	8	7	4
4	6	1	7	5	8	3	2	9
8	7	9	4	3	2	1	5	6
7	8	3	2	6	5	4	9	1
1	9	2	3	7	4	6	8	5
6	5	4	8	9	1	2	3	7

335

1	5	4	3	6	8	9	7	2
7	6	2	9	4	1	5	3	8
8	3	9	2	7	5	4	1	6
4	7	3	8	9	2	1	6	5
2	1	5	6	3	7	8	4	9
9	8	6	1	5	4	7	2	3
5	2	1	4	8	3	6	9	7
6	4	7	5	2	9	3	8	1
3	9	8	7	1	6	2	5	4

336

5	3	1	2	4	9	7	8	6
8	9	6	7	5	1	3	4	2
7	2	4	6	8	3	5	1	9
1	5	3	4	9	6	2	7	8
6	8	2	3	1	7	4	9	5
9	4	7	8	2	5	1	6	3
2	7	8	5	6	4	9	3	1
4	1	5	9	3	8	6	2	7
3	6	9	1	7	2	8	5	4

337

8	1	5	9	3	7	6	4	2
2	3	7	4	5	6	8	9	1
4	6	9	2	8	1	5	7	3
5	8	6	1	7	4	3	2	9
9	7	1	3	2	5	4	8	6
3	4	2	8	6	9	7	1	5
7	9	3	5	1	8	2	6	4
1	2	8	6	4	3	9	5	7
6	5	4	7	9	2	1	3	8

338

5	8	4	9	1	6	7	2	3
3	2	9	5	7	4	8	6	1
7	1	6	3	8	2	9	5	4
9	6	2	8	5	1	4	3	7
8	5	3	4	6	7	2	1	9
1	4	7	2	9	3	6	8	5
6	3	8	1	4	9	5	7	2
4	7	1	6	2	5	3	9	8
2	9	5	7	3	8	1	4	6

339

6	8	1	2	7	9	4	5	3
2	4	7	6	5	3	9	1	8
5	9	3	1	4	8	6	7	2
9	3	5	7	6	1	8	2	4
4	1	6	8	2	5	3	9	7
8	7	2	3	9	4	5	6	1
3	6	8	9	1	7	2	4	5
1	5	9	4	3	2	7	8	6
7	2	4	5	8	6	1	3	9

340

3	7	2	5	6	8	9	4	1
4	9	1	2	3	7	5	8	6
6	5	8	4	1	9	7	3	2
5	8	9	6	7	3	1	2	4
2	1	4	9	8	5	3	6	7
7	3	6	1	4	2	8	9	5
1	4	3	7	9	6	2	5	8
8	6	5	3	2	1	4	7	9
9	2	7	8	5	4	6	1	3

341

4	8	2	9	3	7	6	1	5
7	6	5	4	2	1	9	3	8
1	3	9	5	8	6	4	7	2
5	1	7	6	4	3	2	8	9
3	2	4	8	7	9	1	5	6
6	9	8	2	1	5	7	4	3
9	7	1	3	6	8	5	2	4
8	4	6	7	5	2	3	9	1
2	5	3	1	9	4	8	6	7

342

1	4	9	5	8	3	7	6	2
3	7	2	1	6	9	8	5	4
5	6	8	7	4	2	9	3	1
2	1	7	4	5	6	3	9	8
6	8	3	2	9	7	4	1	5
4	9	5	8	3	1	2	7	6
9	5	4	6	7	8	1	2	3
8	3	1	9	2	5	6	4	7
7	2	6	3	1	4	5	8	9

343

2	7	4	6	1	8	9	3	5
1	9	3	5	2	7	8	6	4
5	8	6	3	9	4	7	1	2
9	5	1	7	4	2	3	8	6
8	6	7	1	5	3	4	2	9
3	4	2	9	8	6	1	5	7
4	1	9	2	3	5	6	7	8
6	3	5	8	7	9	2	4	1
7	2	8	4	6	1	5	9	3

344

5	1	9	3	8	4	6	7	2
8	7	6	9	1	2	5	4	3
2	4	3	7	6	5	8	9	1
6	2	4	8	9	1	3	5	7
9	3	1	2	5	7	4	6	8
7	8	5	6	4	3	2	1	9
1	6	8	4	3	9	7	2	5
4	5	2	1	7	8	9	3	6
3	9	7	5	2	6	1	8	4

345

5	2	6	1	8	4	9	7	3
3	4	8	5	9	7	6	1	2
7	9	1	3	6	2	8	5	4
2	6	5	8	4	3	1	9	7
1	7	4	9	5	6	2	3	8
9	8	3	7	2	1	5	4	6
6	1	2	4	3	9	7	8	5
8	3	9	6	7	5	4	2	1
4	5	7	2	1	8	3	6	9

346

9	1	5	2	3	4	7	6	8
2	7	6	1	5	8	3	4	9
8	3	4	6	7	9	2	1	5
5	6	1	7	8	2	9	3	4
3	9	2	4	1	5	6	8	7
7	4	8	3	9	6	1	5	2
1	5	7	8	2	3	4	9	6
6	2	9	5	4	1	8	7	3
4	8	3	9	6	7	5	2	1

347

3	1	8	7	2	4	9	6	5
9	4	6	1	5	3	7	8	2
7	5	2	8	6	9	4	1	3
4	6	7	9	1	5	3	2	8
2	3	5	4	8	7	6	9	1
8	9	1	2	3	6	5	7	4
6	2	3	5	9	8	1	4	7
5	8	4	6	7	1	2	3	9
1	7	9	3	4	2	8	5	6

348

7	9	1	6	5	8	4	3	2
3	6	2	9	4	1	7	8	5
5	4	8	7	2	3	6	9	1
8	2	4	5	6	7	9	1	3
9	1	7	8	3	2	5	6	4
6	5	3	4	1	9	8	2	7
1	8	6	2	7	4	3	5	9
2	7	5	3	9	6	1	4	8
4	3	9	1	8	5	2	7	6

349

1	6	4	9	8	7	3	5	2
7	9	3	2	4	5	8	6	1
2	8	5	6	3	1	4	7	9
8	4	7	3	9	6	2	1	5
6	3	2	1	5	8	7	9	4
5	1	9	7	2	4	6	8	3
4	7	8	5	1	2	9	3	6
3	2	1	8	6	9	5	4	7
9	5	6	4	7	3	1	2	8

350

4	7	6	1	2	5	9	3	8
1	8	9	4	7	3	5	2	6
5	2	3	8	9	6	4	7	1
6	4	1	3	5	8	7	9	2
3	9	2	7	1	4	8	6	5
7	5	8	2	6	9	3	1	4
9	1	7	5	8	2	6	4	3
8	6	4	9	3	1	2	5	7
2	3	5	6	4	7	1	8	9

351

5	3	1	4	8	2	7	9	6
9	7	4	6	1	5	2	3	8
2	8	6	3	9	7	1	5	4
3	6	9	5	2	1	8	4	7
8	4	2	7	6	3	5	1	9
7	1	5	8	4	9	3	6	2
4	2	8	1	5	6	9	7	3
1	9	3	2	7	4	6	8	5
6	5	7	9	3	8	4	2	1

352

8	9	2	4	1	3	7	6	5
1	3	7	5	2	6	4	8	9
5	4	6	7	9	8	3	1	2
3	5	4	2	6	7	8	9	1
2	1	8	9	5	4	6	3	7
6	7	9	3	8	1	5	2	4
9	8	5	6	7	2	1	4	3
4	2	1	8	3	5	9	7	6
7	6	3	1	4	9	2	5	8

353

7	9	4	1	6	5	2	8	3
5	1	8	2	3	4	6	7	9
3	6	2	7	8	9	4	5	1
4	7	9	8	1	3	5	6	2
2	3	6	5	9	7	1	4	8
8	5	1	4	2	6	9	3	7
6	2	7	9	5	8	3	1	4
1	8	3	6	4	2	7	9	5
9	4	5	3	7	1	8	2	6

354

8	7	1	5	3	9	6	2	4
6	4	2	1	8	7	9	5	3
9	5	3	4	2	6	1	7	8
4	3	6	2	7	5	8	9	1
5	9	8	6	1	4	2	3	7
2	1	7	8	9	3	4	6	5
7	2	9	3	4	8	5	1	6
3	6	4	9	5	1	7	8	2
1	8	5	7	6	2	3	4	9

355

9	1	3	6	8	4	2	7	5
4	5	8	2	7	1	3	9	6
2	6	7	9	5	3	8	4	1
7	2	6	1	9	5	4	8	3
3	9	5	8	4	2	1	6	7
8	4	1	7	3	6	5	2	9
6	8	4	3	1	9	7	5	2
5	3	9	4	2	7	6	1	8
1	7	2	5	6	8	9	3	4

356

9	8	7	4	2	5	6	3	1
2	3	6	9	7	1	4	5	8
1	5	4	8	3	6	9	7	2
3	9	1	7	6	4	2	8	5
8	4	5	2	1	9	7	6	3
6	7	2	3	5	8	1	9	4
5	6	9	1	8	2	3	4	7
7	2	8	6	4	3	5	1	9
4	1	3	5	9	7	8	2	6

357

9	6	4	1	2	7	8	3	5
3	7	5	9	8	4	2	6	1
8	1	2	5	6	3	4	7	9
5	4	1	2	7	6	3	9	8
6	2	9	3	1	8	7	5	4
7	3	8	4	9	5	6	1	2
4	8	3	6	5	9	1	2	7
2	9	7	8	3	1	5	4	6
1	5	6	7	4	2	9	8	3

358

7	2	8	3	4	9	1	6	5
3	1	4	8	6	5	9	2	7
5	6	9	2	1	7	3	8	4
8	5	6	1	7	3	4	9	2
4	9	1	5	2	6	8	7	3
2	3	7	4	9	8	6	5	1
1	4	5	9	8	2	7	3	6
9	7	2	6	3	1	5	4	8
6	8	3	7	5	4	2	1	9

359

2	5	9	8	6	7	4	3	1
8	7	1	3	4	5	6	2	9
4	3	6	1	2	9	8	5	7
5	6	4	9	1	2	7	8	3
1	9	2	7	8	3	5	4	6
3	8	7	4	5	6	1	9	2
6	4	8	2	3	1	9	7	5
7	1	3	5	9	4	2	6	8
9	2	5	6	7	8	3	1	4

360

7	6	2	9	5	1	3	8	4
4	1	8	6	3	7	9	2	5
5	9	3	4	2	8	7	1	6
1	8	4	7	6	2	5	9	3
6	3	5	1	8	9	4	7	2
2	7	9	5	4	3	8	6	1
9	5	1	2	7	4	6	3	8
8	4	7	3	1	6	2	5	9
3	2	6	8	9	5	1	4	7

361

2	7	3	4	6	9	8	5	1
9	4	5	8	2	1	7	6	3
6	8	1	5	7	3	4	2	9
1	5	7	9	4	8	6	3	2
3	9	8	6	5	2	1	4	7
4	6	2	3	1	7	9	8	5
7	1	6	2	3	4	5	9	8
8	2	4	1	9	5	3	7	6
5	3	9	7	8	6	2	1	4

362

5	7	2	6	3	8	1	9	4
8	3	9	4	1	5	6	2	7
4	6	1	2	7	9	8	3	5
1	4	3	9	6	7	2	5	8
2	8	7	1	5	3	9	4	6
6	9	5	8	2	4	3	7	1
3	5	8	7	9	6	4	1	2
7	1	6	3	4	2	5	8	9
9	2	4	5	8	1	7	6	3

363

5	7	8	4	3	6	2	1	9
9	3	4	5	1	2	7	8	6
2	1	6	9	8	7	3	4	5
4	8	1	7	9	5	6	2	3
6	9	7	2	4	3	8	5	1
3	2	5	8	6	1	9	7	4
1	6	2	3	5	8	4	9	7
7	4	3	1	2	9	5	6	8
8	5	9	6	7	4	1	3	2

364

4	9	3	8	5	6	2	7	1
6	7	5	1	2	3	8	9	4
1	2	8	7	9	4	6	5	3
3	6	1	9	4	7	5	8	2
9	5	4	2	6	8	1	3	7
2	8	7	5	3	1	9	4	6
5	1	9	4	7	2	3	6	8
7	3	2	6	8	9	4	1	5
8	4	6	3	1	5	7	2	9

365

2	7	6	8	9	4	3	1	5
4	3	1	2	6	5	8	7	9
8	9	5	1	7	3	2	6	4
6	5	3	4	1	7	9	8	2
1	4	9	3	8	2	7	5	6
7	8	2	6	5	9	1	4	3
5	1	7	9	2	6	4	3	8
9	6	4	7	3	8	5	2	1
3	2	8	5	4	1	6	9	7